足球教学创新与系统训练研究

沈寅豪 ◎ 著

中国出版集团有限公司
China Publishing Group Co., Ltd.　　现代出版社

图书在版编目(CIP)数据

足球教学创新与系统训练研究/沈寅豪著.

北京:现代出版社,2025.6. - - ISBN 978 - 7 - 5231

- 1577 - 0

Ⅰ. G843.2

中国国家版本馆 CIP 数据核字第 2025H2Y643 号

足球教学创新与系统训练研究

ZUQIU JIAOXUE CHUANGXIN YU XITONG XUNLIAN YANJIU

著　者:沈寅豪

责任编辑　袁　涛
责任印制　贾子珍
出版发行　现代出版社
地　　址　北京市安定门外安华里 504 号
邮政编码　100011
电　　话　(010)64267325
传　　真　(010)64245264
网　　址　www.1980xd.com
印　　刷　三河市九洲财鑫印刷有限公司
开　　本　880mm×1230mm　1/32
印　　张　5
字　　数　136 千字
版　　次　2025 年 6 月第 1 版　2025 年 6 月第 1 次印刷
书　　号　ISBN 978 - 7 - 5231 - 1577 - 0
定　　价　68.00 元

目 录

前　言

　　足球，这项被誉为"世界第一运动"的体育项目，其魅力早已超越体育竞技本身，深深地融入全球社会生活和文化建设中。无论是在欧美国家的职业联赛，还是在亚非拉地区的校园操场，抑或是在遥远的农村土坪，都能看到人们在场上奔跑拼搏的身影。足球以其竞争之激烈、观赏之精彩、规则之简洁，吸引了全世界范围内数以亿计的参与者和观众，成为传播友谊、凝聚人心的重要纽带。

　　我国足球近年来取得了长足进步，无论是在世界杯、奥运会等国际大赛上，还是在国内的校园足球、社区足球、职业联赛等项目中，全社会对足球运动的关注度和参与热情持续高涨，呈现出欣欣向荣的发展态势。国务院印发的《中国足球改革发展总体方案》，以及教育部等部门联合发布的《关于加快发展青少年校园足球的实施意见》，将发展足球上升为国家战略。在此背景下，如何通过体教融合，在高等院校及广大中小学校开展内容丰富、形式多样的足球教学与训练，培养德智体美劳全面发展的高素质足球人才，是摆在体育教育工作者面前的重要任务。因此，笔者基于多年从事足球教学科研、指导竞赛的工作实践，以及与全国各地一线教练员、运动员的交流切磋，在参考大量文献资料、广泛调研基础上，凝练出本书的内容构架。

本书共分为三个部分。

第一部分主要研究足球教学与训练的理论基础，阐释体育学、教育学、训练学等相关学科的基本原理，探讨构建足球教学训练体系需要考虑的主客观因素，以及科学制订与有效实施的策略方法，力求厘清概念内涵，理顺理论逻辑，为全书奠定学理支撑。

第二部分是本书的核心内容，对足球教学与训练的模式进行全面创新。具体来说，首先分析足球教学过程中教师应具备的专业素养、教学艺术和科研能力，探寻符合不同技术水平学生认知及运动特点的教学组织形式与手段方法，如分层教学、混合式教学、合作学习、一体化教学等教学模式的应用研究。其次立足足球训练的科学化理念，破解其在实际执行中存在的盲目性、随意性等问题，构建体能、技战术、心理训练有机结合的系统训练模式，形成科学完整的训练方法与手段。

第三部分重在实践应用。通过丰富翔实的教学训练案例，展示创新方法与模式的实际运用，总结推广应用效果。同时，提炼一些行之有效的创新经验做法，以飨读者。这一部分理论联系实际，强调学用结合、知行合一。

本书紧密结合足球教学训练一线实际，针对性地提出创新理念，研究创新方法，总结创新经验，对破解当前足球教学训练领域面临的瓶颈问题，推动足球教学水平整体提升具有重要的理论价值和实践意义。同时，本书语言生动、案例丰富，逻辑严密、方法科学，适合广大体育院系师生、中小学体育教师、足球俱乐部教练员、青少年足球运动员等广大读者阅读参考。

　　足球教学与训练的内容博大精深，实践要求极强。受限于作者学识，本书难免有疏漏错讹之处，恳请广大专家学者、一线教练员和广大读者批评指正。

作　者

2024 年 6 月

第一章　足球教学与训练体系构建

在足球教学与训练过程中，建立一个科学且完善的教学与训练体系，不仅仅是为了确保足球教学与训练活动的顺利开展，更是为了满足广大学生的学习需求，提高他们的身体素质和竞技水平。构建这一体系，需要结合科学理论，遵循科学原则与方法，以确保所制定的教学与训练体系能够有效地实现足球教学的目标。本章将深入分析足球教学与训练体系构建的科学理论与方法。

第一节　学科基本理论

一、足球教学的基本理论

（一）足球教学的任务

1. 全面提高学生的身体素质

学生正处于身体发育的黄金时期，根据运动生理学的观点，处于这一阶段的人体具有一些独特的特点。

从骨骼系统来看，学生的骨骼内软骨组织较多，水分和有机物含量较高，而无机盐较少，因此骨骼具有较好的弹性，容易弯曲变形，但不容易骨折。

肌肉系统方面，学生肌肉中含水分较多，蛋白质和无机物相对较少，尽管肌肉弹性好，但肌力较弱，耐力差，容易疲劳。此外，肌肉增长速度落后于骨骼的增长速度，导致身体各部分肌肉发展不均衡，动作不够准确，下肢灵活性和协调性较差。

血液循环系统方面，学生的心缩力较弱，心律较快，收缩压低，但血管壁弹性较好，血管口径小，外周阻力小。呼吸系统方面，学生的呼吸肌力较弱，呼吸较浅，但代谢旺盛，对氧的需求量较大，呼吸频率较快。

神经系统方面，由于内分泌腺活动的影响，学生大脑皮质的神经细胞工作能力低，易疲劳，动作稳定性差，注意力不集中。然而，神经细胞的灵活性高，物质代谢旺盛，合成作用迅速，体力恢复快，条件反射建立速度快。

根据运动训练学的观点，各项素质发展的高峰年龄主要集中在学生时期，特别是大学时期。因此，足球教学可以充分利用学生这一时期的生理发育特点，促进其全面的身体锻炼，提高生理机能水平，增强适应自然环境和抵抗疾病的能力。

2. 对学生进行德、智、美教育，促进其个性的全面发展

（1）足球教学的德育任务

通过足球运动，学生不仅能掌握相关知识和技能，还能培养出坚强的意志品质和良好的性格特征。足球教学中的紧张对抗和生理负荷要求学生克服心理和外部障碍，以坚定的意志和顽强的毅力面对困难。这有助于培养学生的道德意志，使其在行为上符合道德规范。足球运动的组织性和纪律性，要求学生在集体中规范自己的行为，增强组织纪律性，养成良好的道德意识。在足球规则的约束下，学生的道德行为得以发展，表现良好的行为会受到赞赏；反之，则会受到谴责，从而促使学生学会自我控制，展现良好的道德风貌。足球比赛的胜利依赖于团队的协调配合，这种配合需要以集体主义精神为基础，因此，这一过程不仅能提升学生的团队凝聚力，还能塑造其集体归属感与道德认同。

（2）足球教学的智育任务

教育自古以来就是培养人才的事业，对于智力资源的开发具有重要作用。智力包括记忆、观察、想象、思考和判断等能力，而这些能力能在足球教学中得到充分的锻炼。足球教学通过实践训练，能够提高学生的记忆力和敏捷性。例如，在实际训练中，学生需要迅速记住动作顺序和外在形象，以完成正确的技术动作。此外，足球技战术的多样性和复杂性要求学生在比赛中做出快速而正确的判断，这进一步提高了学生的记忆正确性。足球教学还可以通过启迪学生的想象力，培养他们在比赛中的创新意识和灵活应对能力。足球运动的瞬间反应和判断要求学生具备敏锐的观察力，而快速激烈的比赛环境则能锻炼学生的思维速度和灵活性，使他们能够独立分析和判断比赛中的各种情况，从而提高思维的独立性和创造性。

（3）足球教学的美育任务

体育美体现了人体美、运动美和意志品质美等多种美的形式。足球教学通过塑造学生健美的身体，使他们形成健康的审美观。同时，在足球教学中，培养学生对美的感受能力、表现能力和创造能力也是重要的任务。通过足球教学，学生能够在运动中体验美的内在感受，培养审美意识。教师应引导学生在运动中表现美和创造美，使学生在身体素质和精神层面都得到提升。此外，通过系统传授足球知识，结合竞技常识和美学原理，学生不仅能在视觉上感受到运动美，还能通过实际参与足球运动，培养神经和肌肉的美感。

3. 培养学生欣赏和参与足球运动的能力

（1）在足球技术教学中，教师应根据学生的生理、心理和智力特点，采取适合的方法和策略。例如，现代足球技术的发展趋势是"全面、快速、娴熟、简练、强对抗"。教师可以通过将足球技术与趣味性、目的性、位置、速度、意识、意志、即兴等相结合，使学生由浅入深、由易到难地逐渐掌握足球技术和练习方法。这样的教学方式不仅能帮助学生掌握参与足球运动的基本能力，还能激发他们的求知欲和探索精神。

（2）在足球战术教学方面，教师应让学生了解现代足球战术的特征。例如，"机械分工消失，快速争夺时空主动权，阵形与队形合理组合，集体与球星完美结合"等。通过这些战术知识的传授，学生可以掌握足球攻守的基本方法，并能在实际比赛中成功地组织和运用战术。学生通过个人基本战术方法、局部配合方法、全队配合方法和定位球战术的学习，能够获得驾驭和控制比赛的能力。这不仅能提高他们的技术水平，还能增强他们的战术意识和团队合作能力。

（3）教师还应注重培养学生对足球运动的兴趣和爱好，提高他们的欣赏能力。通过观看高水平的足球比赛，学生可以学习到更多的战术技巧，感受到足球运动的魅力，从而更加热爱这项运动。教师可以组织学生观看足球赛事，进行赛后讨论和分析，帮助学生理解比赛中的精彩瞬间和关键战术。同时，教师还可以带领学生参加各种足球活动和比赛，提供更多的实战机会，使他们在实践中不断提高。

4. 发展学生的足球才能，提高其足球运动水平

学校作为培养人才的基地，应在普及足球运动的基础上，对部分足球基础较好的学生进行课余专项训练。这不仅能增强学生的体质，还能提高他们的足球技术水平。经常进行足球运动锻炼，可以全面发展学生的身体素质，提高身体的灵活性、协调性、力量和耐力，增强他们适应各种条件和环境的能力。研究资料和实践表明，学校代表运动队员能够更快、更容易地掌握各种技术动作，工作效率也较高。因此，通过专项训练，这些学生可以在更高水平的比赛中展现自己的才华，为学校争光。

（二）足球教学的要求

在足球教学过程中，教学要求应注重增强学生的体质与全面发展，并结合不同教学阶段、师生互动、感觉与实践的结合等多方面的内容，旨在提升学生的足球技能和综合素养。

1. 增强体质与促进学生全面发展相结合

足球教学不仅要增强学生的体质，还要使学生的身体素质、心

理素质、智力水平和美育能力得到全面发展。首先，足球教学应树立现代足球教学的价值观，不仅关注生物学特征的改变，还要重视心理学、教育学、社会学和美学方面的教育价值，这些价值观是衡量足球教学质量的重要标准。其次，教师应制订全面的教学计划，突出足球的专项特点，同时保证对学生身体的全面训练，促进学生身心的全面发展。最后，在教学内容和方法上应多样化，结合学生的身心特点和个性特征，采用丰富的教学内容和多样化的方法促进学生全面发展。

2. 教师的主导性与学生的能动性相结合

现代教学强调师生互动。在足球教学中，教师应根据学生的特点制订计划，正确处理师生关系，发挥教师和学生双方的积极性。教师应不断提高教学水平和专业素质，平等待人，同时提高足球教学的艺术性和启发性，培养学生良好的学习动机和兴趣。为了调动学生的主观能动性，教师应指导学生明确学习目标，积极主动地学习，并在实践中大胆尝试。

3. 感觉、思维与实践相结合

足球是一项综合性运动，参与者需要结合感觉、思维和实践，灵活处理运动中遇到的各种情况。教师应利用多种直观感觉手段，如示范、语言提示、图表、照片、录像等，让学生在短时间内了解技术动作的主要特征，建立正确的技术动作表象。针对不同学生和技术的差异，教师应采用相应的直观感觉手段，对水平较低的学生多用示范、图像等方法，对水平较高的学生多用形象化语言描述技术动作。此外，教师应正确处理感觉、思维与实践的关系，鼓励学生在理解动作结构和要点的基础上积极思考，培养其发现和解决问题的能力，将直观思维与实践结合起来。

4. 循序渐进与系统性相结合

足球教学是一个渐进、系统的过程，教师应按照科学训练规律，逐步增加教学内容的难度、练习方法的复杂性和运动负荷。在教学中，内容应由易到难，如传播传球技术时，可先从脚弓传球开始，再逐步传播其他传球技术。练习手段和组织方式也应由简到繁，从模仿练习到独立实践，再到局部对抗和整体训练。对抗程度应由弱到强，从无对抗到有对抗，最终在实战中检验。运动负荷应逐渐增加，科学调控身体负荷与恢复的平衡关系，保证系统的教学与训练能科学地提高学生的技战术水平。

5. 综合性与实战性相结合

在足球教学中，综合性训练应将技术、战术、身体素质、智力和心理等有机结合。教师应根据比赛需要，将不同的足球技术合理搭配进行练习，结合学生水平决定技术搭配的难易程度。技战术训练应与身体素质训练结合，科学安排练习组数、时间、密度和强度，提高身体素质和技战术水平。意识是技战术的灵魂，教师应设计练习加强对学生足球意识的培养，提高其技战术运用能力。此外，对抗能力是技战术运用的保证，教师应根据学生的掌握情况加入适宜的对抗性因素。在模拟实战中练习技战术，能提高训练的实战性，使学生在比赛中更具积极性和实战能力。

（三）足球教学的原则

在足球教学中，为了确保教学效果和学生全面发展的最佳实现，教师需要遵循以下重要原则。这些原则在教学实践中相互联系，形成一个有机整体，应灵活应用以达到最佳教学效果。

1. 循序渐进原则

循序渐进原则要求教学要按照学科的逻辑系统和学生的认知规律进行。教学应从简单到复杂、从低级到高级、从单一向综合发展，使学生逐步掌握基本知识、技战术和技能，形成严密的逻辑思维体系。根据认识论，学习体育专业是一个特殊的认识过程，学生的智力、能力和全面素质在此过程中不断提高。这是一个渐进的过程，教学必须遵循教育的规律、人体运动机能变化的规律、运动技能形成的规律和人体运动适应性的规律。在足球教学中，教学内容要系统性安排，符合教学大纲的要求，教学进度应由易到难、由简到繁、从无对抗到有对抗，运动量逐渐增加。

2. 启发式教学原则

启发式教学原则强调充分发挥教师的主导作用，最大限度地调动学生学习的积极性和主动性，激发学生的思维活动，增强其独立分析问题和解决问题的能力。教师在运用启发式教学时，首先要强调学生的主体作用，使学生在学习中主动思考、研究所学内容，培养自学能力和创新精神。其次，教师要善于以启发诱导的形式，将已学知识与新知识相结合，使学生能够"温故知新"，从而加深对学习内容的印象，提高学习效果。

3. 实效性原则

实效性原则要求教学要根据学生的实际情况，抓住教学中的主要矛盾和难点问题，讲求实际效果。教学方法要简单易行，提高教学艺术性，使学生在有限的教学时间内既能掌握知识技能，又能增强体质和提高能力。教师应深入研究教材和教法，充分利用现代化的教学手段，设计符合足球运动特点和学生实际水平的练习方法，给学生更多的实践机会。

4. 发展体能和运动技术教育相统一的原则

发展体能和运动技术教育相统一的原则，要求教师在足球教学中正确处理学习运动技术与发展学生体能和提高健康水平的辩证统一关系。增进学生健康是足球教学的主要目标，但为了更好地增进健康，必须学习和掌握足球技术和战术技巧。只有处理好两者关系，使其相互促进，才能真正实现足球教学的目的。

5. 因材施教原则

因材施教原则要求教师在教学过程中针对每个学生的身体素质和能力水平的差异，制订个性化的教学计划和目标。教师应全面了解学生的基本情况，如对足球的兴趣、身体素质等，才能更好地因材施教。同时，教师应在制订教学计划时，综合考虑季节、地区、场地、器材等因素，为学生创造良好的学习条件，鼓励能力较高的学生积极参加课余足球训练，同时帮助能力较低的学生逐步提高技战术水平。

6. 直观性原则

直观性原则要求教师在足球教学中利用学生的感官和已有经验，通过视觉、听觉和肌肉本体感觉，获得对足球技战术的生动表象，并结合积极思维，从而掌握技战术和技能。教学中应采用动作示范、沙盘演示、电影、录像、技战术图片等直观教学手段，使学生建立清晰的技术表象，激发其学习积极性。

7. 巩固提高原则

巩固提高原则强调通过师生交流和反复练习，确保学生所学的知识和技能不断巩固和提高。教师应利用讲解、示范、练习、提问、评价等方式，及时传递信息，增加运动密度和动作重复次数，使学生提高技战术水平。还要给学生布置适量的课外作业，将课内外结合，设定新的学习目标，调动学生的兴趣和积极性。

8. 对抗性原则

对抗性原则强调在足球教学中加入对抗性训练，使学生在进攻和防守的直接对抗中提高技战术水平。教师应根据进攻和防守的辩证关系，合理安排教学进度和课时计划，设计综合化的练习方法，提高对抗强度，注重攻守平衡，从整体上提高学生的足球水平。

9. 身体全面发展原则

身体全面发展原则要求教师在足球教学过程中，促进学生全面协调发展。教师应合理安排全面多样的教材内容，指导学生进行全面身体锻炼。例如，准备部分要加强全身各部位的活动，基本部分要协调发展上肢与下肢的练习，结束部分要通过一系列活动放松，并布置课外作业。

10. 综合性原则

综合性原则要求教师在足球教学中将技术、战术、体能、智力和心理等多方面有机结合，进行综合性训练。教学内容要游戏化、竞争化和趣味化，提高学生的学习兴趣；教学方法和组织形式要多样化，选用现代化教学手段，使学生掌握动作方法，提高技战术水平。

二、足球训练的基本理论

（一）足球运动训练的基本原理

1. 机体代谢原理

在足球运动中，运动员所承受的训练负荷需要消耗大量能量，这需要通过新陈代谢进行能量的补充。新陈代谢不仅是维持生命活动的基本特征之一，也是运动训练中的重要过程。研究表明，训练能够显著增强机体的物质和能量代谢，提高酶系统的活性，进而促进能量物质的更快速恢复和更高效的代谢。这种代谢的增强不仅有助于运动员在训练中保持充沛的体力，还能提升他们的运动表现力和整体身体功能。

2. 训练负荷原理

持续承受和适应训练负荷，可以提升运动员的身体素质和运动水平。训练负荷的科学安排需要注意两个方面：首先，在训练初期，通过增加负荷量逐步实现机体的适应；其次，在专项训练阶段，通过提高负荷强度来深化机体的适应过程。训练负荷的安排应与足球运动的特点保持一致，以确保训练效果的最大化。

3. 超量恢复原理

运动后能量物质的恢复过程，影响因素包括疲劳程度、运动量大小和营养供给等。一般来说，运动量越大，超量恢复越显著，但过度运动可能导致恢复过程延长，甚至产生不利影响。合理安排运动量和训练间隔时间，控制好两次训练间的心率恢复状态，能确保运动员在超量恢复的最佳状态下进行训练。

4. 运动素质转移理论

一些素质的发展可以带动其他素质的发展，这依赖于有机体的整体性、动作结构的相似性和能量供应来源的同一性。在训练中，通过科学安排相关的训练内容，可以促进素质的良性转移，从而实现整体素质的提高。运动训练过程中，同一种素质或不同素质的发挥都是在中枢神经系统的综合作用下实现的，这要求教师在制订训练计划时要注意动作结构和能量供应的一致性。

（二）足球训练的原则

1. 训练环境与比赛条件统一

只有在环境和比赛条件高度统一的情况下，运动员才能掌握并应用正确的技战术，从而实现从训练到比赛的积极过渡，这是训练成功的基础。模拟比赛环境进行训练，有助于运动员在真实比赛中更好地展现训练成果。

2. 早期对抗训练

尽早开始在对抗条件下的训练，使训练尽可能多地包含比赛元素。这种训练方式能够帮助运动员尽快适应比赛的强度和节奏，提高其在实际比赛中的应对能力。

3. 快速掌握与反复检验新技能

在训练中快速掌握新技能，并在比赛中进行检验和应用。在比赛中发现的问题，回到训练中加以改进，再次在比赛中检验，这样循环往复，可以不断提高运动员的技术水平和实战能力。

4. 时间利用与积极性激发

充分利用训练时间，鼓励并激发运动员的训练和比赛积极性。通过让运动员体验成功的乐趣，增强他们的团队精神和群体意识，使他们更投入地参与训练和比赛。

5. 因材施教

根据训练对象的个体差异，实施因材施教的教学策略。每个队员的体能、技术水平和心理素质各不相同，因此训练计划需要有针对性地进行调整，以充分发挥每位运动员的潜力。

6. 超量恢复原则

适当增加训练负荷，可以激发运动员的潜能。单调和低强度的训练难以产生显著效果，通过负荷突进，保持高强度水平，以便其更好地适应高强度比赛的需求。

7. 充分利用设施与系统训练

利用各种训练设施和有利因素，系统地进行训练。通过比赛检验训练成果，进一步巩固训练效果。系统性训练能够全面提升队员的身体素质和技战术水平。

8. 循序渐进

训练过程中由易到难，循序渐进，反复训练。这种方法有助于减少比赛中的失误，使运动员在掌握基本技术的基础上逐步提高，避免训练过急导致的错误和挫折。

9. 目标与针对性

稳定技战术训练需要明确的目的性和针对性。训练内容应根据比赛需求和运动员实际情况进行设计，确保每项训练都有明确的目标和针对性，以提高训练效果。

10. 合理运用练习指导方法

训练过程中合理运用讲解、演示和纠错等指导方法。尽量不要轻易打断训练，保持训练的流畅性和连续性。适时的指导和纠正，可以使运动员在练习中不断进步，逐步掌握正确的技战术。

（三）足球训练的特点

1. 对抗的真实性较为突出

足球训练中强调对抗的真实性，尤其在欧美国家的训练中，这一点尤为显著。对抗训练不仅仅是攻守对垒的形式，更重要的是通过真实的对抗情境，促使运动员在训练过程中能够认真对待每一个动作，并积极思考和调整自己的应对策略。这种高强度、真实的对抗训练，有助于运动员建立心理基础，增强其在实际比赛中的应变能力和心理素质。

2. 快速与简练的有机结合

（1）一次触球的练习

增加一次触球的练习，使运动员养成早观察、快出球的好习惯。这种训练方式不仅能提高运动员的反应速度，还能培养他们在高压情况下迅速做出决策的能力。

（2）减少盲目盘带

鼓励运动员在训练和比赛中减少不必要的盘带，强调简练地处理球。这种简练的处理方式，有助于运动员在比赛中更加高效地完成传球和进攻任务，减少失误。

3. 灵活性与整体性的有机结合

整体打法以运动员的身体素质、技战术特点为基础，制订出总体思路和原则。战术打法确定后，运动员需要以此为依据进行相互配合和协作。在比赛中，尽管有固定的战术原则，但具体的路线和配合形式可以灵活处理。这种结合方式不仅能增强团队的战术意识和默契程度，还允许运动员在不同情况下自由发挥，最大化地利用自身和队友的优势。

4. 由局部过渡到整体

足球训练往往从小组战术训练开始，逐步整合为整体战术训练。小组战术训练有助于运动员之间的默契配合和战术意识的培养。当这些小组战术训练逐渐整合为整体战术时，团队的配合和协作能力会显著提升。通过分队比赛、灵活运用场区和人数、明确训练目的，加上教练员的科学指导，这种从局部到整体的过渡方式，能够显著提高训练效果，使得整体战术更加成熟和有效。

（四）足球运动训练规律

1. 运动员身心发展的基本规律

运动员的成长发育必须遵循客观的机体生长发育规律。在对足球运动员的训练过程中，运动员身体各系统功能的成熟度和运动素质的发展速度因人而异，有些运动员生长发育较快，有些则较慢；有些系统发育早，有些则较晚。这些差异是正常现象。教练员在进行训练时，必须根据运动员的身心特征及发展规律，因材施教，合理安排训练的量与负荷，以保证训练效果和运动员的健康成长。训练过程中要避免过度训练导致的身体损伤和心理压力，使运动员在最佳状态下发展各种运动素质。

2. 足球训练的机体适应性规律

足球训练的过程是通过有计划的身体练习，逐步实现对运动员机体的改造，这一过程需要遵循机体的适应性规律。如果训练安排不合理，超出或低于机体的负荷能力，会导致训练效果不佳，甚至引发运动伤病。

具体来说，足球训练的机体适应性规律分为以下五个阶段：

（1）运动刺激阶段。在训练初期，运动员的机体需要接受各种不同的刺激。这一阶段的主要目的是让机体逐渐适应训练负荷，并为后续的训练做好准备。

（2）机体对训练的应答反应阶段。随着训练负荷的增加，运动员的各个器官和系统开始对外部刺激产生反应。机体内部的各个系统会逐渐兴奋起来，并将这种兴奋传输到全身，使整个机体进入运动状态。这一阶段是机体对训练负荷进行生物应答反应的过程。

（3）机体对训练的暂时适应阶段。在经过一段时间的持续训练后，运动员的各个系统和器官逐渐适应了训练负荷。此时，运动员的身体功能达到稳定状态，能够在训练中表现出良好的生理指标。机体在这一阶段表现为对当前训练负荷的暂时适应。

（4）机体对训练的长久适应阶段。通过长期的系统训练，运动员的身体结构和功能会发生显著的改变。机体的各个功能系统和组织器官在反复的外部运动刺激下逐步完善与协调，表现出良好的适应性。这一阶段的目标是实现运动员在各方面的全面提升。

（5）机体的适应衰竭阶段。如果训练安排不科学，过度增加训练负荷，运动员的身体某些功能可能会出现衰竭现象。过度训练不仅无法提高训练效果，还可能导致严重的运动损伤，阻碍运动员的长期发展。

3. 足球训练中的技能形成规律

（1）足球运动技能形成的生理本质

①运动条件反射

生理学研究表明，运动技能的形成是一个复杂的生理过程，主要依赖于大脑皮层的活动。大脑皮层的动觉细胞能够与其他中枢建立暂时性神经联系，这种联系包括内外刺激引起的皮质细胞兴奋区。因此，人体掌握运动技能的生理本质在于建立运动条件反射。

足球运动技能的形成具有连锁性、复杂性和本体感受性。首先，足球技能是一个连锁的技术过程，一个动作的结束往往是下一个动作的开始。其次，足球技能的形成涉及多个中枢的协调，如视觉、听觉、运动和内脏活动中枢等，复杂程度远超一般的运动条件反射。最后，足球技能的形成依赖于肌肉的本体感受性冲动，这种冲动在条件反射中起到了强化刺激的作用，确保运动技能的有效掌握。

②技能信息传递与处理

技能信息传递与处理是指从外界环境接受刺激到做出反应的过程。这个过程将人类视为信息处理器，外界刺激被感知并传递至大脑，再由大脑发出指令控制肢体完成具体动作。

在足球训练中，运动员通过大脑皮质的一般解释区处理体内信息，这一区域由躯体感觉、视觉和听觉联合区构成。信号从这些感觉区域传递到脑的运动部位，控制具体动作。此外，运动训练的学习过程也涉及外部信息源的处理。教练员通过发出指令，运动员通过大脑分析这些信息并指挥肢体完成相应的技术动作。

③技能信息的反馈

在运动训练中，肌肉用力状况、时间和协调功能等需要不断调整。这种调整过程依赖于运动生理学的反馈机制，即通过动作结果的感觉来校正动作。合理运用这种反馈机制，对于足球运动员准确、熟练地掌握和改进运动技能非常重要。

（2）足球运动技能形成的阶段性规律

运动技能的形成呈现出明显的阶段性规律，尤其在学生足球运动员中表现得尤为明显。根据不同年龄阶段的生理和心理特征，足球训练可分为初学阶段、基础阶段和提高阶段。

初级阶段：专指 6～14 岁的训练，是少年儿童初次接触足球并掌握基本技战术的时期。这一阶段是球性和基本技术发展的敏感期。可以细分为 6～10 岁和 11～14 岁两个阶段。11～14 岁的训练又可细分为 11～12 岁和 13～14 岁两个阶段。

基础阶段：指 15～18 岁的训练，这一阶段从掌握基本技术向提高比赛能力转变。可分为 15～16 岁和 17～18 岁两个阶段。此期间，训练重点是巩固基本技能并提高比赛能力。

提高阶段：18 岁以后是技能提高阶段，此时运动员的生理发育已接近成人。训练应根据成人足球训练理论和方法进行，重点是进一步提高技战术水平和比赛能力。

第二节 足球教学计划的制订与实施

一、足球教学计划的制订与实施

教学大纲、教学进度以及教学方案等几个部分，共同构成了一个系统化的教学框架，为教师和学生提供了明确的教学指引和学习路径。

（一）教学大纲

教学大纲是足球课程教学的核心文件。它不仅是教师组织和开展教学活动的主要依据，还是学生理解课程内容和要求的关键指南。教学大纲通常依据学校的体育教学计划和体育课程指导纲要来制定，并结合学校的具体实际情况，确保其内容和目标与实际教学环境相符。

1. 前言

教学大纲的前言部分对整个大纲做出总体说明，帮助学习者了解课程的制订依据、培养目标、教学任务以及教学要求等。通过前言，学生可以对整个足球教学有一个宏观的认识，了解学习的方向和预期成果。

2. 学时的分配

学时的分配是教学大纲中的重要组成部分。每个学校由于教学计划和总学时数不同，因此在学时安排上会有差异，但无论如何安排，内容一般都包括理论和实践两个部分。这种理论与实践相结合的学时分配方式，确保学生不仅能够理解足球理论知识，还能通过实际练习提高技能。

3. 教材内容

在足球教学中，教材内容同样分为理论和实践两部分。理论部分涵盖足球的基础知识、战术理论、比赛规则等，实践部分则包括基本技术训练、战术演练和比赛实践等。教师需要列出详细的教材内容以及对各项内容的基本要求，确保教学过程有条不紊。

4. 实践环节

实践环节是提高学生足球技能的关键。教师在设计实践练习计划时，须详细说明练习内容、方法和要求。只有这样，学生才能在具体的实践活动中得到充分的指导和锻炼，从而提高实际操作能力和水平。

5. 成绩考核

成绩考核是对学生学习成果的评价手段。足球教学大纲中应详细说明考核内容和方法，包括理论考试、技术评价、作业、课堂练习、上课态度和出勤等方面的比例分配。在技术评价方面，需要明确评价标准和要求，使考核过程透明、公正，激励学生积极参与学习和训练。

6. 执行完成大纲的措施

执行和完成大纲的措施需要结合学校的实际情况和学生的发展水平，提出一些具体的、可行的方案。这些措施有助于确保教学大纲的顺利实施，达到预期的教学效果。

（二）教学进度

合理的教学进度不仅能有效激发学生的学习兴趣，还能大幅提高其学习效率。制订教学进度时，必须严格依据教学大纲的规定，并结合实际教学情况，按照教学顺序细致规划每一课的内容。

1. 阶梯式安排法

阶梯式安排法是根据足球技战术的难易程度，从易到难、从简到繁地逐步推进。这种方法通常遵循先技术后战术的原则，在技术训练方面，从控制球、运球、踢球、接球、头顶球、带球突破、抢断球到守门技术，循序渐进；在战术训练方面，则从个人战术到局部战术，再到整体战术，逐步复杂化。阶梯式安排法的优点在于可以突出教学重点和难点，使学生在每个时间段内集中精力学习某项技能。然而，其缺点在于课程密集，运动负荷安排不够科学，容易导致运动损伤。

2. 整体式安排法

整体式安排法是依据教学大纲，选择部分技战术作为主要教学内容，如运球、踢球和射门等，其余内容则作为辅助教学。这种方法的优点是突出重点，具有系统性和连贯性，课程内容丰富，可以灵活调整。然而，整体式安排法也存在一定的不足，即课程内容较多，主要内容与辅助内容的结合有一定难度，需要教师具备较强的教学能力和丰富的教学经验，才能有效实施。

3. 阶段螺旋式安排法

阶段螺旋式安排法是将教学内容分解为多个阶段，每个阶段的内容再分解成多个程序，遵循循序渐进的原则。这种方法按照足球教学的基本规律和逻辑顺序，将内容编排成连贯的小单元，从简单到复杂、从容易到困难，有计划、有步骤地体现教学大纲的要求。阶段螺旋式安排法的优点在于重视不同教学内容之间的关联性，确保上、下节课之间无缝衔接，使教学进度合理有序，适合所有学生学习。

（三）教学方案

在足球教学中，制订详细且切合实际的教学方案是确保教学效果和质量的重要环节。教学方案，简称教案，是教师在课堂上教学的主要依据，其制订的质量将直接影响到教学的实际效果。

一个完整的足球教案包括以下关键部分：教学内容、教学目标、内容安排和时间分配、组织教法、运动负荷控制、课后小结与课外作业。每一部分都需要教师认真考虑和细致编写，以确保整个教学过程有条不紊，教学目标得以实现。

1. 教学内容

教学内容部分是教案的核心，明确具体的教学内容是确保课程连贯性的基础。内容应涵盖足球技战术的各个方面，从基本技术如运球、传球、射门，到复杂的战术安排。教学内容的选择应根据教学大纲的要求，并结合学生的实际水平和需要。

2. 教学目标

教学目标的设定要结合学生的身心特点与发展规律，以及他们的足球基础和发展状态。合理的教学目标可以引导学生明确学习方向，激发他们的学习兴趣，并且能够通过循序渐进的学习达到预期的成果。教学目标一般包括知识目标、技能目标和情感目标三部分，分别对应学生应掌握的理论知识、应达到的技术水平和应具备的体育精神与团队合作意识。

3. 内容安排和时间分配

内容安排和时间分配需要科学合理，确保每一课时的教学内容都能够在规定时间内完成，并且有足够的时间进行复习和巩固。内容安排要注意循序渐进，避免难度过大或过于简单，以适应不同水平学生的学习需要。

4. 组织教法

组织教法是指具体的教学方法和手段，教师应根据教学内容和学生的特点选择合适的教学方法，如讲解示范法、练习法、比赛法等，并且在课堂上灵活运用。这部分的设计要体现出教师的教学理念和风格，同时也需要具有实用性和可操作性。

5. 运动负荷控制

运动负荷控制的目的是确保学生在体育活动中的安全。教师需要根据学生的身体状况和课程内容，合理安排运动量和强度，防止学生在训练中受伤。同时，适当的运动负荷有助于提高学生的身体素质和运动能力。

6. 课后小结与课外作业

课后小结是对一节课教学效果的总结，教师可以通过这部分反思教学过程中的得失，找出不足之处，并进行相应的调整和改进。课外作业则是对课堂教学的补充和延伸，旨在巩固学生所学内容，培养他们自主学习的能力。

二、足球训练计划的制订与实施

足球训练计划不仅能为日常训练提供明确的方向和目标，还能帮助球队在不同阶段实现逐步提升。足球训练计划主要包括五种类型：多年训练计划、年度训练计划、阶段训练计划、周训练计划和课时训练计划。

（一）足球运动多年训练计划

1. 概念与特点

多年训练计划是对球队长远发展的总体规划，通常涵盖两至四年的时间跨度。它是制订年度和阶段训练计划的基础。多年训练计划的制订需要全面分析球队的现状和问题，明确训练指导思想和目标，划分训练阶段并确定重点内容，同时合理设定各阶段的训练负荷，最终制订检查和评估的措施。

2. 制订与运用

（1）分析球队发展现状

只有在全面了解球队实际情况的基础上，才能提出切实可行的训练指导思想和具体的训练任务与目标。例如，对于一个处于重建阶段的球队，可能会将提高运动员基础体能和技术作为首要任务；而对于一个已经有一定竞争力的球队，则可能会更加注重战术的多样性和比赛经验的积累。

（2）确定训练分段和重点内容

儿童阶段（6~10岁）主要侧重于基本技能的学习和兴趣的培养；青春前期（10~12岁）则开始引入简单的战术训练；青春期（12~16岁）重点是体能和技战术的综合训练；青春后期（16~18岁）则须进行更高强度的专项训练，以为未来的职业比赛做好准备。

（3）制订合理的训练负荷

应根据运动员的年龄和发展阶段，科学安排训练强度和恢复时间，避免过度训练导致的伤病和疲劳。训练负荷的设定需要综合考虑多方面因素，包括运动员的体能状况、训练内容的复杂性以及季节性比赛的安排等。

（4）系统的检查和评估机制

要定期进行测试和反馈，了解训练目标的达成情况，并及时调整训练内容和方法，确保训练计划的科学性和实效性，帮助教练团队不断优化训练策略，促进球队的整体发展。

（二）足球运动年度训练计划

1. 概念与特点

足球运动年度训练计划是将长期的多年训练计划具体化、细化到每一年的训练工作中，确保球队在每个年度都能够按照既定的方向和目标稳步前进。年度训练计划的制订要以多年训练计划为基础，同时结合上一年度的实际训练情况，设定新一年的训练任务和目标。

2. 制订与运用

（1）对球队当前的发展现状进行全面分析

在制订年度训练计划时，需要全面分析运动员的整体体能水平、技术能力、战术执行情况、心理状态以及存在的问题等。例如，若上一年度球队在比赛中的表现欠佳，可能需要加强特定技战术训练或改进体能训练方案。

（2）确定训练指导思想和发展目标

训练指导思想是整体训练的理论依据和方向，它决定了训练的基本思路和方法。例如，如果球队需要增强体能素质，训练指导思想可能会侧重于提高运动员的耐力、力量和速度等方面。发展目标则是对训练成效的具体要求，如提升比赛胜率、增加进球数、减少失球等。

（3）明确具体的训练任务、内容和手段

训练任务包括体能、技术、战术、心理等多个方面，训练内容则是实现这些任务的具体方法和步骤，训练手段是指使用的器材、设备、场地等资源。例如，提升体能的任务可能包括长跑、短跑、力量训练等内容，而技术训练则可能涉及传球、射门、防守等具体技能的练习。

（4）合理划分训练阶段并确定相应的训练内容

年度训练计划一般分为准备期、比赛期和过渡期，每个阶段有不同的重点和任务。例如，准备期主要进行基础体能和技战术训练，比赛期则侧重于比赛模拟和战术演练，过渡期则注重恢复和调整。具体的安排包括每个阶段的月份、训练任务、训练时数和课数、负荷指标等。例如，准备期可以安排较多的体能训练课，比赛期则增加技战术演练课的比重。

（5）检测训练效果，保证计划顺利进行

定期进行测试、评估和反馈，可以了解训练效果，及时发现问题并进行调整。例如，体能测试、技术测试、比赛模拟等方法都可以用于检测训练效果。同时，保证训练计划顺利进行的措施包括科学安排训练时间、合理分配训练负荷、确保训练设施和器材的完备等。

（三）足球运动阶段训练计划

1. 概念与特点

足球运动阶段训练计划是从年度训练计划中进一步细化而来的，它针对特定训练阶段设定具体的任务和目标。阶段训练计划时间跨度较小，通常涵盖数周到数月。这种计划具有灵活性和针对性，可以根据训练的实际情况进行调整，确保训练的有效性和高效性。

2. 制订与运用

（1）明确本阶段的训练目标和任务

这些目标和任务应紧密围绕年度训练计划的总体目标展开。例如，如果年度计划中某个阶段的重点是提高球队的防守能力，那么本阶段的训练目标可能是增强运动员的防守技术和战术意识。具体任务则包括个人防守技巧、协同防守配合、定位球防守等。

（2）确定训练时间与时数

训练时间应根据球队的实际情况进行安排，避免与比赛和其他活动冲突。时数的安排需要科学合理，既要保证足够的训练时间，又要避免过度训练导致运动员疲劳或受伤。例如，每周可以安排3～5次训练，每次训练1.5～2小时，具体安排根据训练阶段和内容的不同有所调整。

（3）训练内容与比例

不同阶段的训练内容会有所不同，应该根据阶段目标进行设计。例如，在体能训练阶段，内容可能包括耐力、力量、速度等多方面的训练；而在技战术训练阶段，内容则可能侧重于传接球、战术演练、比赛模拟等。训练内容的比例应根据训练目标的优先级进行分配，确保重点训练内容得到足够的时间和资源。

（4）合理安排运动负荷

运动负荷包括训练的强度、持续时间和频率。负荷的安排需要考虑运动员的年龄、体能状况和训练阶段的特点，既要达到训练目的，又要避免负荷过大而导致运动员伤病。可以通过科学的方法，如心率监测、疲劳评估等，动态调整训练负荷，确保运动员在安全和有效的范围内训练。

（5）制订训练计划的检查措施

通过定期的检查和评估，可以及时发现训练中的问题并进行调整。例如，每周可以进行一次训练效果的评估，通过技战术测试、体能测试和比赛表现等方式，了解运动员的进步情况。同时，教练员应定期召开会议，总结阶段训练的效果，讨论存在的问题和改进措施，确保训练计划的有效执行。

（四）足球运动周训练计划

1. 概念与特点

足球运动周训练计划是阶段训练计划的具体落实和实施，是对一周内训练活动的详细安排和指导。它具有时间周期短、内容具体、操作性强的特点，旨在确保每周的训练能够高效进行，达到阶段训练计划所设定的目标和任务。

2. 制订与运用

（1）明确本周的训练目标和任务

目标和任务应与阶段训练计划的目标保持一致，并根据球队当前的训练状态和需要进行具体化。例如，如果阶段目标是提高进攻效率，那么本周的训练目标可能是强化射门技术、提升传接球准确性和快速进攻的反应能力。

（2）确定本周的训练次数和时间

训练次数的安排应科学合理，通常每周进行 3～5 次训练，每次训练的时间可以根据训练内容和强度进行调整，一般为 1.5～2 小时。需要注意的是，训练的时间安排应避免过度集中，确保运动员有足够的时间恢复，以达到最佳的训练效果。例如，可以安排周

一、周三、周五进行高强度训练，周二和周四进行恢复性训练或战术演练。

（3）确定训练内容和负荷

训练内容应围绕本周的目标和任务展开，如体能训练、技术训练、战术训练和心理训练等。具体内容：体能训练如耐力跑、力量训练等；技术训练如传球、控球、射门等；战术训练如进攻战术、防守战术等；心理训练如心理素质提升、比赛压力应对等。训练负荷则需根据运动员的体能状态和训练内容进行调整，确保训练强度适中，避免过度疲劳。

（4）选择训练手段和方法

手段和方法应根据训练内容的不同而有所变化。例如，体能训练可以采用间歇跑、力量训练器械等手段；技术训练可以通过分组对抗、专项练习等方式进行；战术训练则可以通过模拟比赛、分队对抗等方法来实现。此外，现代科技手段如视频分析、数据跟踪等也可以用于优化训练效果，提升训练的科学性和针对性。

（5）根据实际情况进行灵活调整

例如，如果运动员在某一训练环节表现出明显的疲劳或技术问题，教练应及时调整训练负荷或内容，确保训练的有效性和安全性。同时，训练结束后，教练团队应对训练效果进行评估，了解运动员的进步情况和存在的问题，以便在下一个周训练计划中进行改进。

（五）足球运动课时训练计划

1. 概念与特点

足球运动课时训练计划是周训练计划的具体落实和实施，是每次训练课的详细安排和指导。它涵盖了训练的任务、目标、内容、手段、组织方法、恢复措施以及训练场地和器材等，是整个足球训练计划中最具体和明晰的一环。

2. 制订与运用

（1）明确每次训练课的任务和目标

这些任务和目标应与周训练计划保持一致，并结合运动员的实际情况进行具体化。例如，如果本周的目标是提高传接球技术，那么本次训练课的任务可能是强化短传和长传的准确性，以及提高运动员在高压下的传球能力。

（2）合理安排训练课的结构和时间

训练课的结构通常包括热身、主训练部分和放松恢复三个部分。热身阶段通过低强度的跑动和拉伸运动，帮助运动员逐渐进入训练状态，预防伤病。主训练部分是训练课的核心，具体内容可以包括技战术训练、对抗训练等。放松恢复阶段则通过轻松的拉伸和放松活动，帮助运动员恢复体能，减轻疲劳。例如，一节 90 分钟的训练课可以安排 10 分钟热身、60 分钟主训练部分、20 分钟放松恢复。

（3）设计训练课的组织形式

常见的组织形式包括分组训练、对抗训练、专项训练等。分组训练适用于技战术练习，通过小组对抗提高运动员的团队合作和战术执行能力；对抗训练模拟比赛环境，帮助运动员适应比赛节奏；专项训练则针对某一技战术进行强化训练，提高运动员的专项能力。例如，在传接球训练课中，可以通过分组对抗和专项练习，分别提高运动员的传球准确性和接球技巧。

（4）合理安排运动负荷

运动负荷包括训练的强度、持续时间和频率。负荷的安排需要综合考虑运动员的体能状况、训练内容的复杂性以及恢复时间。教练应根据运动员的反馈和训练中的表现，动态调整训练负荷，避免过度训练导致运动员伤病和疲劳。例如，可以通过心率监测、疲劳评估等手段，科学调整训练强度和恢复时间。

（5）准备好所需的训练场地和器材

训练场地应符合训练内容的要求，确保安全和便捷；器材包括足球、训练锥、标志盘等，应提前准备并检查，确保完好无损。教练员应根据训练内容的变化，灵活调整场地和器材的使用。例如，在进行射门训练时，需要准备充足的足球和射门靶，确保每位运动员都能得到充分的练习机会。

（6）拟订计划检验与评定方法

定期进行测试和评估，可以了解运动员的进步情况和存在的问题。例如，在传接球训练课后，可以通过传球准确性测试和对抗训练中的表现，评定运动员的训练效果。同时，教练员应在每次训练课后进行总结，记录运动员的表现和反馈，为下一次训练提供参考。

（7）完成训练课后的小结

教练员可以通过对训练课的回顾和总结，发现训练中的不足之处，及时调整训练内容和方法，提高训练的科学性和有效性。球员也可以通过小结，了解自己的进步和不足，激发训练的积极性和主动性。

第二章　足球教学能力培养创新研究

第一节　人文精神与非智力因素

一、足球教学中的人文精神培养

（一）人文精神的内涵与足球教学的融合

人文精神作为一个人、一个民族乃至整个文化活动的灵魂与生命力，在现代教育中扮演着愈加重要的角色。它不仅强调对人的价值和精神的尊重，更注重个体独立人格的塑造以及正确世界观和价值观的建立。在足球教学领域，人文精神的融入代表着一种革新性的教育理念，旨在超越传统的技能传授模式，将足球运动与人的全面发展紧密联系起来。

这种融合不是简单地在教学中加入一些人文元素，而是要从根本上重塑足球教育的目标和方法。它要求我们重新审视足球运动的本质，将其视为培养学生身心、塑造品格、发展智慧的综合平台。通过足球教学，我们不仅要培养学生的运动技能，更要培养他们的团队精神、责任意识、创新思维和文化素养。

（二）人文精神在足球教学各环节中的体现

1. 教学目标的人文化设定

在制订足球教学目标时，我们需要超越单纯的技能培养，将人文关怀贯穿其中。这意味着我们不仅要关注学生的身体素质和技术水平，还要重视他们的心理健康、社交能力和道德修养。例如，我们可以将"培养学生的团队协作精神""提高学生的挫折应对能力""培养学生的体育道德和公平竞争意识"等纳入教学目标中。这样的目标设定将使足球教学不再局限于球场，而是延伸到学生的整个生活和未来发展中。

2. 教学方法的创新与人文化

传统的"灌输式"教学方法已经无法满足现代足球教育的需求。我们需要采用更加灵活、互动和个性化的教学方法，以激发学生的学习兴趣和创造力。例如，可以引入情景教学法，通过模拟真实比赛场景，让学生在实践中学习战术配合和临场应变能力。此外，还可以采用项目式学习，鼓励学生自主设计训练计划或组织小型比赛，培养他们的领导力和组织能力。

在教学过程中，教师应注重因材施教，尊重每个学生的个体差异。可以根据学生的兴趣和特长，为他们分配不同的角色和任务，如战术分析员、队长、助理教练等，让每个学生都能在足球活动中找到自己的位置和价值。

3. 教学内容的人文化拓展

足球教学的内容不应局限于技术动作和战术配合，还应该包括丰富的人文知识和价值观教育。我们可以将足球运动的历史、文化和哲学融入教学内容中，让学生了解足球运动背后的文化底蕴和社会意义。例如，可以介绍不同国家和地区的足球文化特色，探讨足球是如何影响社会发展和国际关系的。

此外，还可以将足球与其他学科知识相结合，如将物理学原理应用于脚法训练，将数学统计方法用于比赛分析，将心理学知识用于团队建设等。这种跨学科的教学内容不仅能拓宽学生的知识面，还能培养他们的综合思维能力。

4. 教学评价的多元化和人性化

在评价学生的学习成果时，我们不应只关注技能测试的分数，还应该采用多元化的评价方式，全面考察学生的进步和发展。可以引入过程性评价，关注学生在学习过程中的努力程度和态度变化。同时，也要重视学生的自我评价和同伴互评，培养他们的自我反思能力和批判性思维。

评价标准应该具有弹性，不仅要看学生的绝对水平，更要关注他们的相对进步。对于基础较差但进步明显的学生，应给予更多的鼓励和肯定。此外，还可以设立一些特殊奖项，如"最佳团队精神奖""最佳进步奖"等，激励学生在各个方面全面发展。

（三）营造人文氛围，深化足球文化建设

足球教学中的人文精神培养不应局限于课堂，而应延伸到整个校园文化建设中。我们可以通过多种方式营造浓厚的足球文化氛围，如组织校园足球联赛、举办足球文化节、设立足球主题阅读角等。这些活动不仅能提高学生参与足球运动的积极性，还能丰富校园文化生活，培养学生的人文素养。可以邀请优秀运动员或教练来校举办讲座，分享他们的成长经历和职业感悟，激发学生的奋斗精神和职业理想。同时，也可以组织学生参与社区足球活动或足球公益项目，培养他们的社会责任感和服务意识。

此外，学校还可以建立足球文化展示区，展示足球运动的历史演变、著名球星的事迹、世界杯的精彩瞬间等，让学生在日常环境中感受足球文化的魅力。还可以鼓励学生创作足球主题的文学、艺术作品，举办相关的展览或比赛，激发学生的创造力和表现欲。

（四）教师角色的重新定位与素质提升

在注重人文精神的足球教学中，教师的角色也需要重新定位。教师不再是单纯的技能传授者，而应成为学生全面发展的引导者和促进者。这要求教师不断提升自身的专业素质和人文修养，既要精通足球技术和教学方法，又要具备广博的知识和良好的人格魅力。

学校应为教师提供多样化的培训机会，如组织教师参加专业研

讨会、进行跨学科学习、开展教学经验交流等。同时，也要鼓励教师进行教学创新和研究，探索将人文精神融入足球教学的有效方法。

此外，教师应注重自身行为对学生的示范作用，在日常教学中展现良好的职业道德和人文关怀。例如，教师可以通过自己的言行，向学生传递公平竞争、尊重对手、团结协作等价值观念。

（五）塑造全人教育的新范式

将人文精神融入足球教学，是顺应时代发展和教育改革要求的必然选择。它不仅能提高足球教学的质量和效果，更能为学生的全面发展奠定坚实基础。通过这种融合，我们可以将足球运动的魅力与人文精神的深度完美结合，培养出身心健康、品德高尚、具有创新精神和社会责任感的新时代人才。

未来，我们应继续深化这一理念，不断探索和创新，使足球教学成为全人教育的重要载体，为学生的终身发展和社会进步做出积极贡献。同时，这种教育模式也可以为其他体育项目的教学改革提供借鉴和启示，推动整个体育教育领域的创新与发展。

二、足球教学中非智力因素的培养与发展

（一）非智力因素的内涵与足球运动的特殊性

在当代教育心理学领域，人类的心理现象被划分为智力因素和非智力因素两大类。智力因素主要涉及认知能力，如观察、思维和记忆等。而非智力因素则是一个更为广泛和复杂的概念，它涵盖了除智力之外的所有影响个体行为和表现的心理特征。在足球这项极具挑战性和竞争性的运动中，非智力因素的作用尤为突出。

足球运动不仅是一场体力和技巧的较量，更是意志力、情绪控制和团队精神的综合展现。在瞬息万变的赛场上，运动员面临的不仅是身体上的挑战，更多的是心理上的考验。例如，如何在逆境中

保持冷静，如何在高压下做出正确决策，以及如何在团队中发挥自己的最大价值等，这些都与非智力因素密切相关。

因此，在足球教学中，培养学生的非智力因素变得尤为重要。这不仅关系到学生在足球场上的表现，更关系到他们未来在社会中的适应能力和发展潜力。通过足球运动培养的坚韧意志、团队合作精神、情绪管理能力等，都是学生未来成长道路上的宝贵财富。

（二）非智力因素对足球运动的多维度影响

1. 心理韧性与比赛表现

足球比赛的胜负往往取决于细微之处，而心理韧性恰恰是决定这些细微差距的关键因素之一。具有良好心理韧性的运动员能够在逆境中保持积极心态，不被暂时的失利所打击。例如，当球队落后时，心理素质较好的运动员能够保持冷静，继续执行战术安排，而不是陷入慌乱和自乱阵脚。这种心理素质的差异往往能够改变比赛的走向，甚至扭转局面。

2. 情绪管理与团队氛围

足球是一项集体运动，队员之间的情绪互动对整个团队的表现有着重大影响。一个情绪稳定、积极向上的队员能够感染整个团队，提升团队士气。相反，如果某个队员情绪低落或易怒，可能会影响到整个团队的氛围和表现。因此，在足球教学中培养学生良好的情绪管理能力，不仅有利于个人表现，也有利于整个团队的和谐与进步。

3. 专注力与技术发挥

足球比赛中，瞬息万变的局势要求运动员保持高度的专注力。无论是传球、射门还是防守，都需要运动员在短时间内做出准确判断和反应。良好的专注力能够帮助运动员更好地发挥自身技术水平，减少失误，把握机会。在教学过程中，通过各种训练方法提高学生的专注力，能够显著提升他们在比赛中的表现。

4. 创造力与战术执行

足球比赛不仅需要严格执行教练的战术安排，还需要运动员在场上根据实际情况做出创造性的决策。这种创造力源于运动员对比赛的深刻理解和丰富的想象力，属于非智力因素的范畴。培养学生的创造性思维，能够让他们在比赛中更灵活地应对各种情况，为团队创造更多机会。

（三）足球教学中非智力因素的培养策略

1. 构建多元化的教学模式

传统的足球教学往往过于注重技术训练，而忽视了非智力因素的培养。为了全面发展学生的综合素质，我们需要构建一个多元化的教学模式。这个模式应该包括：

（1）技术训练：基本功的练习不可或缺，但在训练过程中可以融入心理因素的培养，如设置具有挑战性的目标，培养学生的自信心和挑战精神。

（2）心理训练：通过模拟比赛情景、压力测试等方式，培养学生的心理韧性和抗压能力。

（3）团队建设：通过团队活动、角色扮演等方式，培养学生的团队意识和沟通能力。

（4）理论学习：讲解足球战术、比赛规则以及著名球员的成长故事，培养学生对足球的全面理解和热爱。

2. 个性化教学与因材施教

每个学生的性格特点和学习需求都是不同的，因此，在非智力因素的培养上也应采取个性化的教学方法。教师可以通过以下方式实现因材施教：

（1）进行心理测评：定期对学生进行心理测评，了解每个学生的性格特点和心理状态。

（2）制订个性化培养计划：根据测评结果，为每个学生制订针对性的培养计划，重点培养其薄弱环节。

（3）提供个别辅导：对于心理素质较弱的学生，提供一对一的心理辅导，帮助他们克服心理障碍。

（4）鼓励优势发展：发现并鼓励学生的优势特质，如领导力、创造力等，让他们在团队中发挥独特作用。

3. 创新评价体系

传统的足球教学评价体系往往过于注重技术指标，而忽视了非智力因素的评估。为了全面反映学生的成长，我们需要建立一个更加全面和科学的评价体系：

（1）多维度评价：不仅评估技术水平，还要评估团队协作能力、心理素质、战术理解能力等多个方面。

（2）过程性评价：重视学生在学习过程中的进步和努力，而不仅仅看最终结果。

（3）自评与互评相结合：鼓励学生进行自我评价，同时引入同学互评，培养学生的自我认知能力和客观评价能力。

（4）长期跟踪：建立学生成长档案，记录其长期发展轨迹，为个性化教学提供依据。

4. 营造积极的学习氛围

良好的学习氛围对于非智力因素的培养至关重要。教师可以通过以下方式创造积极的学习环境：

（1）树立榜样：邀请优秀运动员或校友分享经验，激发学生的学习热情和奋斗精神。

（2）组织比赛：定期举办校内或校际比赛，让学生在实战中锻炼心理素质。

（3）设立奖励机制：不仅奖励技术出色的学生，还要表彰团队精神好、进步明显的学生，激励其全面发展。

（4）创造挑战：设置一些有趣而富有挑战性的训练项目，培养学生的冒险精神和创新能力。

（四）非智力因素培养的长远意义

足球教学中对非智力因素的培养，其意义远远超出了足球运动本身。这些素质对学生的未来发展具有深远影响。

1. 提升职场竞争力

在现代社会，团队协作、抗压能力、创新思维等非智力因素在职场中的重要性日益凸显。通过足球运动培养的这些能力，能够帮助学生在未来的职业生涯中占据优势。

2. 促进身心健康

良好的心理素质不仅有利于学生的运动表现，也是维护其身心健康的重要因素。通过足球运动培养的情绪管理能力、抗压能力等，能够帮助学生更好地应对生活中的各种挑战。

3. 培养社会责任感

足球运动中培养的团队精神和协作意识，可以延伸到更广泛的社会生活中。这有助于培养学生的社会责任感和公民意识，使他们成为对社会有贡献的人。

4. 终身学习能力

足球运动中培养的学习热情和挑战精神，能够激发学生的终身学习动力。这种持续学习和自我提升的能力，在当今快速变化的社会中尤为重要。

（五）塑造全面发展的未来人才

在足球教学中注重非智力因素的培养，不仅能提高学生的运动水平，更能帮助他们成长为身心健康、具有社会责任感的全面人才。这种教育理念符合现代教育的发展趋势，也响应了社会对复合型人才的需求。

未来的足球教学应该更加注重智力因素与非智力因素的平衡发

展，将技术训练与心理素质培养有机结合。通过创新教学方法、完善评价体系、营造良好氛围等多种途径，我们可以充分发挥足球运动的育人功能，为学生的全面发展和终身成长奠定坚实基础。

这种全面的教育理念不仅适用于足球教学，也可以推广到其他体育项目和学科教学中。通过体育运动培养学生的非智力因素，能够为未来社会培养更加全面、更具竞争力的人才，这无疑将为我国的教育事业和社会发展带来深远的积极影响。

第二节　学生素质与足球意识

一、足球教学与学生素质培养

（一）足球教育在学校体育中的重要地位

足球作为全球最受欢迎的体育运动之一，其在学校教育中的地位不容忽视。它不仅是一项运动，更是一种文化，一种培养学生全面素质的有效途径。在当今教育体系中，足球教学的重要性日益凸显，它不仅能提高学生的身体素质，还能培养学生的团队精神、领导能力、战略思维和心理素质。

然而，尽管足球教育的重要性得到了广泛认可，我国学校的足球教学仍面临诸多挑战。这些挑战不仅影响了教学质量，也限制了学生素质的全面发展。因此，深入分析当前足球教学的困境，并探索有效的改进策略，对于提升学校体育教育质量、培养全面发展的人才具有重要意义。

（二）当前足球教学面临的困境

1. 教学理念与方法的滞后

传统的足球教学模式往往过于注重技术传授，而忽视了学生的主体地位和个性化需求。许多教师仍然沿用"一刀切"的教学方法，未能充分考虑学生的个体差异和兴趣爱好。这种教学方式不仅降低了学生的学习积极性，也无法有效培养学生的创造力和独立思考能力。

例如，一些学校的足球课仍然以简单的技术训练为主，如传球、射门等基本动作的重复练习。虽然这些基本功训练确实重要，但过于单调的训练方式难以激发学生的学习热情。缺乏趣味性和挑战性的课程设置，使得许多学生对足球课产生厌倦情绪，从而影响了教学效果。

2. 教学目标设定的偏差

目前，许多学校的足球教学目标设定存在偏差。一些学校过分强调竞技成绩，将培养少数精英运动员作为主要目标，忽视了大多数学生的全面发展需求。另一些学校则将足球课程简单化，仅仅视为学生放松身心的娱乐活动，未能充分发挥足球运动在培养学生综合素质方面的作用。

这种目标设定的偏差导致了教学内容的片面性。例如，有些学校的足球课程过于注重技术训练，忽视了战术思维、团队协作等重要方面的培养。还有一些学校为了追求短期成效，过度强调比赛成绩，导致学生产生过大的心理压力，反而影响了他们对足球运动的兴趣和热爱。

3. 资源投入的不足

许多学校在足球教学资源方面的投入严重不足。这种资源匮乏主要表现在以下四个方面：

（1）场地设施的不足。随着学校规模的扩大和学生人数的增加，现有的足球场地往往难以满足教学需求。一些学校甚至没有专门的足球场，只能在篮球场或其他不适合的场地上进行足球教学，这严重影响了教学质量和学生的安全。

（2）器材设备的缺乏和老化。许多学校的足球、球门等基本设备数量不足或质量低劣。例如，有些学校使用的足球已经严重磨损，影响学生的训练效果；球门网破损或缺失的情况也时有发生，这不仅影响了教学效果，也增加了安全隐患。

（3）专业教师资源的匮乏。许多学校缺乏专业的足球教师，往往由其他体育项目的教师兼任足球教学工作。这些教师虽然具备一定的体育教学能力，但在足球专业知识和技能方面可能存在不足，难以为学生提供高质量的足球教学。

（4）教学时间的不足。在应试教育的压力下，许多学校压缩了体育课的时间，足球课程的安排更是捉襟见肘。有些学校甚至将足球课作为选修课程，导致学生接受系统足球教育的机会减少。

4. 评价体系的不完善

当前足球教学评价体系存在诸多问题。首先，评价标准过于单一，多数学校仍然以技术考核为主要评价方式，忽视了学生在团队协作、战术理解、心理素质等方面的表现。其次，评价方法缺乏科学性和多样性，难以全面反映学生的学习成果和进步情况。最后，评价结果的应用不够充分，未能有效指导教学改进和学生个性化发展。

例如，一些学校的足球考试仍然以"颠球次数""射门准确率"等单一指标作为主要评分依据。这种评价方式虽然操作简单，但难以反映学生在实战中的表现和综合能力。同时，这种评价方式也容易导致教师和学生过分关注技术训练，而忽视了足球运动中更为重要的战术理解和团队配合能力的培养。

（三）突破困境的策略：全方位培养学生素质

面对当前足球教学的诸多困境，我们需要采取全面、系统的策略来提高教学质量，培养学生的综合素质。以下是四个关键的突破方向：

1. 创新教学理念与方法

（1）我们需要树立以学生为中心的教学理念。教师应该充分尊重学生的个体差异，根据每个学生的兴趣、能力和需求，制订个性化的教学计划。例如，可以采用分层教学法，根据学生的足球技能水平和身体素质，将学生分为不同的小组，有针对性地开展教学活动。

（2）应该注重趣味性和实践性相结合的教学方法。可以将游戏元素融入足球训练中，如设计各种有趣的足球游戏，让学生在玩中学、学中玩。同时，也要增加实战演练的机会，让学生通过模拟比赛场景，提高实际应用能力。

（3）要充分利用现代科技手段丰富教学内容。例如，可以使用视频分析软件帮助学生分析比赛战术，使用虚拟现实技术模拟比赛环境，或者利用智能设备收集和分析学生的运动数据，为个性化训练提供依据。

2. 明确并优化教学目标

足球教学的目标应该是全面的、长远的。除了提高学生的足球技能，还应该注重培养学生的团队精神、领导能力、战略思维和心理素质。具体来说，可以从以下方面设定教学目标：

（1）身体素质：提高学生的耐力、速度、力量、灵活性等基本身体素质。

（2）技术能力：掌握足球的基本技术，如传球、射门、控球等。

（3）战术思维：培养学生的战术意识和临场决策能力。

（4）团队协作：培养学生的团队精神和沟通能力。

（5）心理素质：提高学生的抗压能力、自信心和意志力。

（6）文化素养：了解足球历史、规则和文化，培养学生的体育精神和道德品质。

在设定这些目标时，应该注意循序渐进、因材施教的原则。对于不同年龄段、不同水平的学生，应该有不同的具体目标和要求。

3. 加大资源投入

要改善足球教学的现状，加大资源投入是必不可少的。学校和教育部门应该从以下方面着手：

（1）改善场地设施。可以考虑建设多功能运动场，在有限的空间内满足多种运动需求。对于空间受限的学校，可以探索利用屋顶或地下空间建设小型足球场。同时，也要重视场地的日常维护，确保其安全性和使用效果。

（2）更新和补充器材设备。定期更换破损的足球和其他器材，保证每个学生都有足够的练习机会。可以考虑引入一些新型训练设备，如智能足球、反弹墙等，丰富训练内容。

（3）加强教师队伍建设。一方面，可以聘请专业足球教练或退役运动员担任足球教师；另一方面，要加强对现有教师的培训，提高他们的专业水平。可以组织教师参加专业培训课程，或者与职业足球俱乐部合作，安排教师进行实地学习。

（4）合理安排教学时间。在保证学生学业的同时，应该给足球教学留出足够的时间。可以考虑将足球课程与其他学科进行整合，如将足球战术分析与数学课程结合，将足球文化教育与历史、地理课程结合等，实现跨学科教学。

4. 完善评价体系

建立科学、全面的评价体系是提高足球教学质量的重要保障。新的评价体系应该包含以下特点：

（1）多元化：评价内容应该包括技术能力、战术理解、团队协作、心理素质等多个方面。

（2）过程性：不仅关注最终的考试成绩，还要重视学生在学习过程中的进步和努力。

（3）个性化：根据学生的个体差异，制订不同的评价标准。

（4）参与性：鼓励学生进行自我评价和互评，培养他们的自我反思能力。

例如，可以设计一个综合评价系统，包括技能测试、比赛表现、团队贡献、学习态度等多个维度。在技能测试中，不仅要考核学生的基本功，还要设置一些模拟实战的情境测试。比赛表现的评价可以采用专业的数据分析工具，记录学生在比赛中的各项数据。团队贡献可以通过学生互评和教师观察相结合的方式进行评估。学习态度则可以通过平时表现和课后练习情况来评定。

（四）未来展望：足球教育的发展方向

展望未来，足球教育将在学校体育中扮演愈加重要的角色。它不仅是一项体育运动，更是培养全面发展人才的重要途径。未来的足球教育将呈现以下四个发展趋势：

1. 融合创新

足球教育将与其他学科和新技术深度融合。例如，可以将足球战术分析与数学、物理知识相结合，培养学生的逻辑思维能力；将足球文化教育与历史、地理、社会学等学科结合，拓展学生的文化视野；利用虚拟现实、人工智能等新技术，创造更加丰富和个性化的学习体验。

2. 个性化教育

未来的足球教育将更加注重学生的个性化发展。通过大数据分析和人工智能技术，可以为每个学生制订个性化的训练计划和学习路径。教师可以根据学生的身体特征、技能水平、学习风格等因素，为其提供更加精准的指导和反馈。

3. 生态化发展

足球教育将不再局限于学校范围，而是形成一个包括学校、家庭、社区、职业俱乐部等多方参与的教育生态系统。学校可以与职业俱乐部合作，为学生提供高水平的训练资源；可以组织社区足球赛事，让更多家长和社会人士参与到足球教育中来；还可以建立校际联盟，共享教育资源和经验。

4. 国际化视野

随着全球化的深入，足球教育也将更加注重国际化视野的培养。可以通过组织国际交流赛、观看世界顶级赛事、学习不同国家的足球文化等方式，帮助学生建立全球化的视野和跨文化交流能力。

总之，足球教育在学校体育中的重要性不言而喻。虽然当前我国的学校足球教育仍面临诸多挑战，但通过创新教学理念和方法、优化教学目标、加大资源投入、完善评价体系等措施，我们完全有能力突破这些困境。

二、足球意识培养

（一）足球意识的内涵与重要性

足球意识，作为足球运动中一个核心却常被忽视的要素，在塑造优秀球员和提升整体竞技水平方面扮演着至关重要的角色。它不仅仅是对球场上瞬息万变情况的本能反应，更是一种深层次的理解和洞察力，涵盖了战术思维、空间感知、团队协作等多个维度。在当代足球教育中，足球意识的培养已然成为一个不可或缺的课题，其重要性体现在以下四个层面。

（1）从个人发展的角度来看，良好的足球意识能够显著提升球员的场上表现。具备敏锐足球意识的球员能够更快地看清比赛局势，做出更为明智的决策，无论是在进攻还是防守中都能游刃有余。

（2）从团队协作的视角来看，足球意识的培养有助于提升整体战术执行力。当每个队员都具备较高的足球意识时，团队配合将更加默契，战术执行也会更加流畅。这种集体意识的提升不仅体现在比赛中，也会在日常训练中产生积极影响，促进球队整体水平的提高。

（3）从长远发展的角度看，足球意识的培养对于提升国家足球整体水平具有战略意义。一个国家的足球水平不仅取决于顶尖球员的个人能力，更取决于整体的足球文化和理念。通过在青少年阶段就注重足球意识的培养，我们可以为未来的职业联赛和国家队培养出更多具有战术头脑和创造力的球员。

（4）从教育的角度来看，足球意识的培养不仅仅是为了提高运动表现，更是一种全面的素质教育。通过足球意识的培养，学生可以锻炼逻辑思维能力、提高空间感知力、增强团队协作精神，这些能力和品质在未来的学习和工作中都将发挥重要作用。

（二）当前足球意识培养的现状与挑战

尽管足球意识的重要性得到了广泛认可，但在实际的教学实践中，我们仍面临诸多挑战。

1. 认识不足与重视不够

许多学校和教育机构对足球意识的培养认识不足，仍然将重点放在技术训练和体能提升上。这种偏差导致了教学内容的失衡，学生虽然可能在技术上有所进步，但在实际比赛中往往表现得无所适从。例如，某些学校的足球课程仍然以简单的传球、射门练习为主，缺乏对战术理解和临场决策能力的培养。

此外，在升学压力下，许多学校压缩了体育课程的时间，足球教学更是被边缘化。这种情况不仅限制了学生接触足球的机会，也致使足球意识的培养变得更加困难。一些学校甚至将足球课程完全取消，用来增加文化课的学习时间，这无疑是对学生全面发展的一种忽视。

2. 教学方法陈旧与资源匮乏

当前的足球教学方法往往过于注重技术动作的重复练习，忽视了对学生思维能力的培养。传统的"满场跑、全队练"的教学模式难以激发学生的创造力和战术思维。同时，许多学校缺乏专业的足球教师，现有教师可能缺乏足球专业背景，难以进行深入的战术教学和意识培养。

资源匮乏也是一个普遍问题。许多学校没有专业的足球场地，器材不足或老旧，这些硬件条件的限制使得高质量的足球教学难以开展。例如，有些学校只有一个小型的泥土操场，缺乏球门、标志物等基本设备，这种环境下难以进行有效的战术训练和比赛模拟。

3. 理论知识欠缺与实战经验不足

当前的足球教学往往过于注重技能训练，忽视了足球理论知识的传授。学生对足球规则、战术体系、比赛策略等方面的了解往往停留在表面，缺乏深入理解。这种理论基础的缺失直接影响了学生足球意识的形成和发展。

同时，由于比赛机会有限，学生缺乏实战经验。许多学校每学期只组织一两次校内比赛，学生难以将课堂所学应用到实际比赛中，也缺乏在高压环境下做出决策的训练。这种实战经验的缺乏使得学生的足球意识难以得到真正的锻炼和提升。

4. 评价体系单一与激励机制不足

目前的足球教学评价体系往往过于单一，多以技术动作的完成度为主要评判标准，忽视了对学生战术理解能力、临场决策能力等方面的评估。这种评价方式不仅无法全面反映学生的足球水平，也难以激发学生对足球意识培养的重视。

此外，缺乏有效的激励机制也是一个问题。许多学校没有建立起完善的足球人才培养体系，优秀的足球人才难以得到应有的重视和发展机会。这种情况下，学生对足球的学习热情难以持续，也影响了足球意识的长期培养。

（三）足球意识培养的创新策略

面对当前足球意识培养中存在的问题，我们需要采取创新性的策略来改善教学质量，提升学生的足球意识。以下是可能的方向。

1. 构建全方位的足球文化氛围

培养足球意识不应局限于课堂教学，而应该营造一个全方位的足球文化氛围。学校可以通过以下方式来实现：

（1）组织定期的足球文化讲座，邀请知名球员、教练或足球评论员来校分享他们的经验和见解。

（2）设立足球主题阅读角，提供丰富的足球杂志、书籍和视频资料，鼓励学生自主学习。

（3）开展足球主题的文化活动，如足球摄影大赛、足球绘画比赛等，让足球文化渗透到学生生活的各个方面。

（4）利用学校的公共空间展示足球相关的海报、图片和名言，营造浓厚的足球氛围。

通过这些方式，我们可以让学生在日常生活中不断接触和思考足球，潜移默化地培养他们的足球意识。

2. 创新教学方法，强化战术思维培养

在教学方法上，我们需要打破传统的单一技术训练模式，更多地融入战术思维的培养：

（1）引入情景教学法：设计各种比赛情景，让学生在模拟的环境中学习判断和决策。例如，可以设置"如何应对高压逼抢""如何创造和利用空当"等具体情景，让学生通过讨论和实践来提升战术理解能力。

（2）采用小组对抗训练：将学生分成小组进行对抗训练，每个小组需要制订自己的战术并在实战中执行。这种方式可以培养学生的团队协作能力和战术执行力。

（3）运用视频分析教学：利用职业比赛的视频片段进行教学，引导学生分析球员的跑位、传球选择等，提升他们的战术洞察力。

（4）引入足球游戏教学：利用足球电子游戏或桌游来辅助教学，这些游戏往往涉及复杂的战术选择，可以帮助学生在轻松的氛围中提升战术思维。

3. 加强实战训练，提供多样化的比赛体验

为了弥补实战经验的不足，学校应该提供更多的比赛机会：

（1）组织校内联赛：可以按年级或院系组织长期的校内联赛，让学生有持续的比赛机会。

（2）开展多种形式的比赛：除了传统的 11 人制比赛，还可以组织 5 人制、7 人制等小场地比赛，让学生体验不同形式的足球。

（3）举办主题性比赛：如"战术杯"比赛，要求参赛队伍在比赛中运用特定的战术，这样可以强化学生对战术的理解和运用。

（4）与其他学校建立友谊赛机制：定期与其他学校进行友谊赛，让学生有机会与不同风格的对手交手，以此拓展战术视野和比赛经验。

通过这些多样化的比赛体验，学生可以将课堂所学应用到实战中，不断提升自己的足球意识。

4. 优化评价体系，建立多元化的激励机制

为了全面评估学生的足球水平，我们需要建立一个更加科学和全面的评价体系：

（1）引入多维度评价：除了基本技能测试，还应该包括战术理解能力、临场决策能力、团队协作能力等方面的评估。

（2）采用过程性评价：不仅关注期末考试成绩，还要重视学生在日常训练和比赛中的表现和进步。

（3）引入同伴评价和自我评价：鼓励学生互相评价，同时进行自我反思，培养他们的自我认知能力。

同时，要建立有效的激励机制：

（1）设立"最佳战术家""最佳团队协作"等奖项，鼓励学生在足球意识方面的进步。

（2）建立校园足球明星制度，选拔优秀球员担任"校园足球大使"，激发学生的学习热情。

（3）与职业俱乐部建立合作关系，为表现优秀的学生提供参观训练、与职业球员交流等机会。

第三节 教练员与裁判员

一、足球教练员培养

（一）足球教练员在体育教育中的重要角色

足球作为全球最受欢迎的运动之一，其发展水平在很大程度上反映了一个国家的体育文化和教育水平。在这个过程中，足球教练员扮演着至关重要的角色。他们不仅是技术传授者，更是青少年体育精神的引导者和足球文化的传播者。然而，随着我国足球事业的快速发展，教练员培养工作面临着诸多挑战，也蕴含着巨大的机遇。

足球教练员的重要性体现在多个方面：首先，他们是足球技能和战术的直接传授者，决定了青少年球员的技术水平和战术理解能力。其次，教练员的教学理念和方法直接影响着学员对足球运动的兴趣和热爱程度，进而影响整个国家的足球文化氛围。再次，优秀的教练员能够培养学员的团队精神、竞争意识和体育道德，这些品质对学员的全面发展至关重要。最后，教练员还承担着发掘和培养足球人才的重任，是国家足球事业持续发展的基石。

然而，当前我国足球教练员的培养工作面临着诸多挑战，这些挑战不仅制约了足球教育的质量，也在一定程度上影响了我国足球事业的整体发展。因此，深入分析当前足球教练员培养中存在的问题，并探索有效的改进策略，对于提升我国足球教育水平、推动足球事业发展具有重要意义。

（二）足球教练员培养面临的多重挑战

1. 数量不足与质量参差不齐

目前，我国足球教练员的数量远远无法满足快速发展的足球教育需求，持有 D 级以上执照的足球教练员仅有几万人，这个数字与我国庞大的人口基数和日益增长的足球教育需求相比，显然是杯水车薪。数量上的不足直接导致了许多学校和俱乐部无法开展高质量的足球教学，也使得一些非专业人士不得不临时充当教练角色，这无疑会影响教学质量。

更为严重的是，现有教练员中，真正具备专业水平的比例并不高。许多教练员缺乏系统的足球理论知识和实践经验，有些甚至是从其他体育项目转型而来，对足球的理解和教学能力都有待提高。这种情况下，即使增加了教练员的数量，也难以保证教学质量的提升。

例如，在某些学校的足球课程中，我们可以看到教练员只是简单地组织学生踢球，缺乏有针对性的技术训练和战术指导。这种"放羊式"的教学不仅无法提高学生的足球水平，还可能导致学生养成错误的技术动作和比赛习惯，对其长远发展产生负面影响。

2. 培训体系不完善

当前足球教练员的培训体系存在诸多问题，主要表现在以下方面：

（1）培训内容缺乏系统性和针对性。许多培训课程内容空泛，理论与实践脱节，无法满足教练员在实际工作中的需求。例如，有些培训过分强调战术理论，却忽视了如何根据不同年龄段学员的特点来设计训练计划。

（2）培训方式单一，缺乏互动性和实践性。大多数培训仍然采用传统的讲座形式，学员的参与度不高，难以将所学知识内化为实际能力。

（3）培训时间安排不合理。有些培训机构为了短期效益，将大量内容压缩在短时间内进行集中培训，这种"填鸭式"的培训方式效果往往不尽如人意。

（4）缺乏持续性的后续支持和指导。许多教练员在完成短期培训后，就被"抛回"到实际工作中，缺乏持续的指导和反馈机制，导致培训效果难以持续。

3. 评价标准不科学

目前，对足球教练员的评价标准存在诸多问题，主要表现在以下方面：

（1）评价标准过于单一，多以球队比赛成绩作为主要评判依据。这种评价方式忽视了教练员在球员培养、团队建设等方面的努力，容易导致教练员为追求短期成绩而忽视球员的长远发展。

（2）缺乏对教练员教学能力的科学评估。现有的评价体系很少涉及教练员的教学设计能力、沟通能力、心理辅导能力等软实力，这些能力对于青少年球员的培养至关重要。

（3）评价方式缺乏多元化。通常只有上级领导或专家参与评价，缺乏来自学员、家长、同行的多角度评价，难以全面反映教练员的实际水平。

（4）评价结果的应用不够科学。有些地方将评价结果简单地与教练员的薪酬、晋升挂钩，忽视了评价的发展性功能，未能有效促进教练员的持续改进和成长。

4. 职业发展前景不明朗

足球教练员的职业发展前景不明朗，这直接影响了人才的引入和保留。具体表现在以下方面：

（1）薪酬待遇普遍偏低。除了少数顶级俱乐部的教练，大多数基层教练员的收入水平并不高，难以吸引和留住优秀人才。

（2）职业晋升通道不畅通。许多教练员感到职业发展空间有限，难以看到清晰的晋升路径，这严重打击了他们的工作积极性。

（3）社会地位不高。与其他教育工作者相比，足球教练员的社会认可度较低，这在一定程度上影响了从业人员的自尊心和职业自豪感。

（4）工作压力大。教练员往往面临来自俱乐部、家长、社会的多重压力，特别是在竞技体育领域，过分强调比赛成绩的压力可能导致职业倦怠。

（三）强化足球教练员培养的策略

面对当前足球教练员培养中存在的诸多挑战，我们需要采取创新性的策略来改善培养质量，提升教练员队伍的整体水平。以下是可能的方向。

1. 构建多层次、系统化的培训体系

为了解决培训内容空泛、缺乏针对性的问题，我们需要构建一个多层次、系统化的培训体系：

（1）建立分级培训机制。根据教练员的经验水平和工作需求，将培训内容分为基础级、进阶级和高级三个层次。基础级培训重点关注足球基本理论和教学技能；进阶级培训侧重于战术分析和团队管理；高级培训则聚焦于足球哲学、领导力培养等高阶内容。

（2）强化实践性培训。增加实地教学观摩、模拟教学等实践性环节，让教练员有机会将理论知识应用到实际教学中。可以与职业俱乐部合作，为教练员提供短期实习机会，让他们亲身体验高水平的训练环境。

（3）引入案例教学法。收集和整理优秀教练员的成功经验，形成具有中国特色的足球教练案例库。通过案例分析和讨论，帮助教练员提升问题分析和解决能力。

（4）建立辅导制度。为每位新晋教练员配备一名经验丰富的导师，提供长期的指导和支持。这种一对一的指导不仅能够帮助新手教练员快速成长，也能促进经验的代际传承。

2. 创新评价体系，激发职业发展动力

为了改变当前评价标准单一、不科学的状况，我们需要建立一个更加全面和科学的评价体系：

（1）建立多维度评价指标。除了比赛成绩，还应该包括球员进步情况、团队氛围、教学创新等多个维度。例如，可以设立"最佳青训教练""最佳战术创新奖"等奖项，全面评价教练员的工作成效。

（2）引入360度评价机制。除了上级评价，还应该引入同行评价、球员评价、家长评价等多个角度，全方位反映教练员的工作表现。

（3）强化过程性评价。不仅关注最终结果，还要重视教练员日常工作中的努力和进步。可以建立教练员成长档案，记录其职业发展轨迹。

（4）将评价结果与职业发展挂钩。建立科学的晋升机制，让优秀的教练员看到明确的职业发展前景。同时，根据评价结果为教练员制订个性化的培训计划，促进其持续成长。

3. 加强国际交流，拓宽视野

足球是一项国际化程度极高的运动，因此，加强国际交流对于提升我国足球教练员的水平至关重要：

（1）建立国际交流项目。与世界足球强国的足球协会或知名俱乐部建立合作关系，定期选派优秀教练员出国学习。这不仅能够学习先进的训练理念和方法，还能开阔教练员的国际视野。

（2）引进国际优秀教练资源。邀请国际知名教练来华开展讲座或短期培训，让更多的中国教练员能够近距离学习国际先进经验。

（3）鼓励教练员参与国际赛事观摩。组织教练员团队赴国外观摩重大国际赛事，通过实地考察学习国际顶级足球的最新发展趋势。

（4）搭建国际交流平台。利用互联网技术，建立在线国际教练交流平台，让中国教练员能够随时与世界各地的同行进行交流和学习。

4. 提升职业吸引力，吸引和保留人才

要解决教练员数量不足的问题，关键是要提高这个职业的吸引力：

（1）改善薪酬待遇。建立与工作表现挂钩的薪酬体系，让优秀的教练员能够获得与其贡献相匹配的报酬。可以考虑引入绩效奖金、股权激励等多种形式的激励措施。

（2）拓宽职业发展通道。除了传统的上升通道，还可以开辟横向发展路径，如专业技术教练、青训总监、足球战略专家等，让不同特长的教练员都能找到适合自己的发展方向。

（3）提高社会地位。通过媒体宣传、表彰优秀教练等方式，提高足球教练员的社会认可度。可以设立"中国足球教练节"，增强教练员的职业自豪感。

（4）完善保障机制。建立教练员职业保险制度，为教练员提供稳定的社会保障。同时，建立心理健康支持系统，帮助教练员应对工作压力。

二、足球裁判员培养

（一）足球裁判员在体育教育中的核心地位

在体育教育领域，足球运动的普及程度和竞技水平往往能够有效反映一个国家体育文化建设的成熟度。在这个过程中，足球裁判员扮演着不可或缺的角色。他们不仅是规则的执行者，更是公平竞争的守护者和体育精神的传播者。然而，随着我国足球事业的快速发展，裁判员培养工作面临着诸多挑战，同时也蕴含着巨大的机遇。

足球裁判员的重要性体现在多个方面：首先，他们是比赛公平性的直接保障者。一个优秀的裁判员能够确保比赛按照规则进行，维护赛场秩序，保护运动员的安全。其次，裁判员的判罚水平直接影响着比赛的质量和观赏性。准确、及时的判罚能够使比赛更加流畅，提升观众的观赏体验。再次，裁判员的行为和态度对运动员，尤其是青少年运动员，有着重要的示范作用。他们的公正、冷静和专业精神能够潜移默化地影响参与者的体育道德和行为规范。最后，高水平的裁判员是国际足球交流的重要桥梁，能够提升我国在国际足球界的影响力和话语权。

然而，当前我国足球裁判员的培养工作面临着诸多挑战。这些挑战不仅影响了比赛的质量和公平性，也在一定程度上制约了我国足球事业的整体发展。因此，深入分析当前足球裁判员培养中存在的问题，并探索有效的改进策略，对于提升我国足球竞技水平、推动足球事业发展具有重要意义。

（二）学生足球裁判员面临的多重挑战

1. 临场观察和位置选择的困境

足球赛场是一个充满动态变化的复杂环境。对于学生裁判员来说，如何在这样的环境中选择恰当的观察位置是一个巨大的挑战。这个问题主要体现在以下方面：

（1）学生裁判员往往缺乏对整体赛场态势的宏观把握能力。他们可能过分关注球的位置，而忽视了其他区域可能发生的违规行为。例如，在角球情况下，学生裁判员可能过分关注射门区域，而忽视了中场可能发生的冲突。

（2）学生裁判员在跑位时可能会影响到比赛的正常进行。由于经验不足，他们可能会在无意中阻碍球员的跑动路线或传球路径，从而影响比赛的流畅性。这不仅会引起球员和教练的不满，还可能导致重要比赛机会的丧失。

（3）不恰当的位置选择会影响判罚的准确性。例如，在越位判罚时，如果裁判员没有与最后一名防守球员保持同一水平线，就很可能做出错误的判断。这种错误不仅会影响比赛结果，还会损害裁判员的公信力。

（4）学生裁判员可能缺乏快速调整位置的能力。足球比赛节奏快，局势变化迅速，裁判员需要具备良好的体能和敏捷性，以便及时调整到最佳观察位置。然而，许多学生裁判员在这方面的训练还不够充分。

2. 判罚准确性的挑战

判罚的准确性是衡量一个裁判员水平的关键指标，然而这恰恰是学生裁判员面临的最大挑战之一。具体表现在以下几个方面：

（1）对规则理解不够深入。虽然学生裁判员可能已经学习了基本规则，但对一些复杂情况下的规则应用还缺乏深入理解。例如，在判断手球时，不仅要考虑球是否接触手臂，还要判断是否是自然手臂位置，这需要丰富的经验和敏锐的判断力。

（2）在使用红黄牌时存在犹豫和不一致。有些学生裁判员可能过于谨慎，不敢轻易出示黄牌，导致无法有效控制比赛；而有些则可能过于严厉，频繁出示黄牌，影响比赛的流畅性。如何在维护规则和保持比赛流畅性之间找到平衡，是需要长期实践才能掌握的技能。

（3）对一些特殊情况的判罚存在困难。例如，在判断球员是否越位时，不仅要考虑球员的位置，还要判断他是否参与了比赛，这需要裁判员具备快速分析复杂情况的能力。同样，在判断战术性犯规时，也需要裁判员能够准确理解球员的意图。

（4）在一些争议性判罚中缺乏自信和决断力。面对可能引发争议的情况，如点球判罚或严重犯规的认定，学生裁判员可能会犹豫不决，这不仅影响判罚的及时性，也可能引发场上球员和教练的不满。

3. 漏判问题的普遍存在

漏判是另一个困扰学生足球裁判员的普遍问题，这不仅影响比赛的公平性，还可能导致球员安全隐患。漏判问题主要表现在以下方面：

（1）对场上情况的观察不够全面。学生裁判员可能过分专注于球的位置，而忽视了其他区域可能发生的违规行为。例如，在一次进攻中，裁判员可能关注前场的对抗，而忽视了后场可能发生的拉扯动作。

（2）对一些隐蔽性犯规的识别能力不足。有些犯规行为，如球衣拉扯、暗中踢踹等，往往不易被察觉。学生裁判员可能缺乏识别这些隐蔽性犯规的经验和敏锐度。

（3）在快速转换的比赛中反应不及时。足球比赛节奏快，情况瞬息万变，学生裁判员可能因为反应速度不够快而错过判罚时机。例如，在一次快速反击中，裁判员可能来不及跟上比赛节奏，从而错过了判罚机会。

（4）对"有利原则"的应用不当。有时裁判员可能错误地认为应该给予进攻方优势，而放弃了对明显犯规的判罚，结果导致既没有形成进攻优势，又错过了判罚时机。

4. 手势与沟通的不足

准确、清晰的手势和有效的沟通是裁判员执法的重要工具，然而这也是学生裁判员普遍存在的不足之处。

（1）手势使用不规范。一些学生裁判员可能对标准手势掌握不够熟练，在使用时显得犹豫或不准确。例如，在示意间接任意球时，可能忘记举起手臂或没有保持到球被踢出。这种不规范的手势会导致球员和观众对判罚产生误解。

（2）与助理裁判员的配合不够默契。学生主裁判可能忽视了助理裁判员的示意，或者对助理裁判员的信号理解不够准确，导致判罚出现失误。良好的配合需要长期的训练和默契的培养。

（3）与球员的沟通能力不足。在处理争议情况时，学生裁判员可能缺乏必要的沟通技巧，无法有效地解释自己的判罚或平息球员的情绪。这可能导致场上局势失控，影响比赛的正常进行。

（4）缺乏使用身体语言控场的能力。优秀的裁判员能够通过自信的站姿、坚定的眼神和明确的手势来树立威信，控制比赛局面。然而，学生裁判员在这方面往往表现得不够自信和坚决。

（三）构建全面的学生足球裁判员培养体系

面对当前足球裁判员培养中存在的诸多挑战，我们需要构建一个全面、系统的培养体系，以提升学生裁判员的整体水平。这个体系应该包括以下关键组成部分。

1. 深化规则学习，培养规则意识

规则是裁判员执法的基础，因此深入学习和理解足球规则是培养体系中最基础也是最重要的部分：

（1）应该建立系统的规则学习课程。这个课程不仅要涵盖基本规则，还应该包括规则的最新变化、不同情况下的规则应用等内容。可以采用案例教学法，通过分析实际比赛中的判罚案例来加深学生对规则的理解。

（2）要注重规则应用能力的培养。可以设置模拟比赛情景，让学生在实践中学习如何灵活应用规则。例如，可以设置各种复杂的犯规场景，让学生进行判断和解释。

（3）应该鼓励学生主动研究规则。可以组织规则研讨会，让学生自主探讨规则中的疑难点，培养他们对规则的思考能力和批判性思维。

（4）要建立规则知识的定期更新机制。足球规则每年都可能有细微调整，要确保学生裁判员能够及时了解和掌握这些变化。可以通过定期的规则更新讲座或在线课程来实现这一目标。

2. 强化实践训练，提升实战能力

理论知识固然重要，但实践能力才是裁判员的核心竞争力。因此，培养体系中应该包含大量的实践训练内容：

（1）要增加模拟比赛的训练量。可以组织不同级别、不同类型的模拟比赛，让学生裁判员在尽可能接近实战的环境中练习。这些模拟比赛应该涵盖各种可能遇到的情况，如高强度对抗、复杂的战术犯规等。

（2）应该引入视频分析训练。利用专业比赛的视频资料，让学生分析其中的判罚，并与实际判罚结果进行对比，从中学习专业裁判员的判罚思路和技巧。

（3）要强化位置选择的训练。可以设计专门的跑位训练课程，教导学生如何根据比赛局势快速调整位置，以获得最佳的观察角度。这种训练可以结合实地演练和虚拟仿真技术来进行。

（4）应该加强与球员和教练员的互动训练。可以邀请有经验的球员和教练员参与到裁判员的培训中，让学生裁判员学习如何与场上参与者有效沟通，处理各种复杂的人际关系。

3. 培养综合素质，塑造专业形象

优秀的裁判员不仅需要专业知识和技能，还需要具备良好的综合素质。培养体系应该包括以下方面的素质培养：

（1）心理素质的培养。裁判员需要在高压环境下保持冷静和理智。可以通过心理学课程、压力管理训练等方式来提升学生的心理承受能力。同时，可以模拟一些高压场景，如重要比赛的关键时刻、面对球员和教练员质疑等情况，让学生学会如何应对。

（2）身体素质的培养。足球裁判员需要具备良好的体能，以跟上比赛节奏。应该制订专门的体能训练计划，包括耐力训练、速度训练、灵活性训练等。可以参考专业裁判员的体能标准，制订相应的阶段性目标。

（3）道德品质的培养。公正、诚实、勇于承担责任是裁判员必须具备的品质。可以通过道德讲座、案例分析等方式，培养学生的职业道德意识。同时，应该建立严格的诚信体系，对任何不诚实行为零容忍。

（4）沟通能力的培养。裁判员需要与球员、教练员、助理裁判员等多方进行有效沟通。可以通过开设沟通技巧课程，组织角色扮演练习等方式，提升学生的语言表达能力和非语言沟通技巧。特别要注重培养学生在紧张局势下的沟通能力，如何用简洁明了的语言解释判罚，如何用恰当的肢体语言来增强权威性等。

4. 建立观摩学习机制，拓宽视野

观摩学习是一种高效的学习方式，可以让学生裁判员从实际案例中吸取经验。这个机制应包括以下方面。

（1）组织现场观摩活动。安排学生裁判员观看各级别的实际比赛，特别是高水平的职业联赛。在观摩过程中，要求学生不仅关注裁判员的判罚，还要观察他们的站位、跑动和与球员的互动等细节。

（2）开展视频分析课程。收集并分析优秀裁判员执法的比赛视频，让学生学习他们的判罚技巧、场上管理和危机处理能力。可以邀请经验丰富的裁判员来解说这些视频，分享他们的见解和经验。

（3）组织国际交流活动。可以与国外的足球协会或学校合作，组织学生裁判员参与国际交流项目，了解不同国家和地区的足球文化和裁判风格。这不仅能拓宽学生的视野，还能提升他们的国际化水平。

（4）建立"辅导制"。为每个学生裁判员配备一名经验丰富的裁判作为导师，定期进行一对一指导。导师可以分享自己的经验，解答学生的疑问，并对学生的表现给予及时的反馈和建议。

（四）创新评价体系，激励持续进步

为了确保培养体系的有效实施，需要建立一个科学、全面的评价体系。这个评价体系应该包括以下方面：

1. 多维度评价指标

评价体系应该涵盖裁判员工作的各个方面，包括但不限于：

（1）规则掌握程度：通过理论考试和实际案例分析来评估。

（2）判罚准确性：在模拟比赛和实际比赛中的判罚正确率。

（3）位置选择能力：评估裁判员在比赛中的站位和移动是否合理。

（4）沟通能力：包括与球员、教练员的沟通以及与助理裁判员的配合。

（5）心理素质：在高压情况下的表现和决策能力。

（6）体能水平：通过专业的体能测试来评估。

（7）职业道德：包括公正性、诚实度和责任心等方面的表现。

2. 过程性评价与终结性评价相结合

评价不应只关注最终结果，还应重视学生在学习过程中的进步。可以采取以下方式：

（1）定期进行小型测评，记录学生的学习曲线。

（2）建立个人成长档案，记录每个学生的进步和不足。

（3）组织同伴互评，让学生之间相互评价，促进共同进步。

（4）在每次实践执法后进行即时反馈和评价。

3. 引入技术手段辅助评价

利用现代技术可以使评价更加客观和全面：

（1）使用视频分析软件，对裁判员在比赛中的表现进行细致分析。

（2）采用 GPS 技术记录裁判员在场上的移动轨迹，评估其位置选择的合理性。

（3）利用模式识别技术，对裁判员的判罚进行初步筛查，识别可能存在争议的判罚。

4. 建立激励机制

评价的目的是促进进步，因此应该建立相应的激励机制：

（1）设立"最佳进步奖""最佳新人奖"等奖项，鼓励学生不断提升。

（2）将评价结果与实际执法机会挂钩，表现优秀的学生有机会执裁更高级别的比赛。

（3）建立晋级制度，根据评价结果，让优秀的学生裁判员有机会获得更高级别的裁判资格。

第三章　足球教学模式创新研究

　　纵观足球运动在中国的发展历程，溯源可至古代。作为一项融合性极强的竞技体育，足球运动对技战术应用、身体素质、心理素质等方面均有很高要求。球员须在团队协作中展现个人才能，在激烈对抗中磨砺意志品质。正是足球运动的独特魅力，使其成为广受欢迎的全民健身项目，并较早进入学校体育课程体系。

　　近年来，国内足球人才培养力度空前，青少年足球赛事如火如荼，足球教学改革亦有序推进。然而，相较欧美足球强国，我国足球教学起步较晚，教学模式亟待完善创新，方能培育出理论扎实、技术过硬的高素质足球人才。这既是新时代体育强国建设的时代要求，更是足球运动可持续发展的内生动力。体育不仅是国民经济和社会发展的重要组成，更在弘扬主旋律、传播正能量中肩负重任。伴随群众体育意识觉醒，体育文化建设日益受到重视。在体育赛事活动中，人们对体育文化内涵的关注热情与日俱增。可以说，体育文化建设是统筹推进"五位一体"总体布局、协调推进"四个全面"战略布局的内在要求，其丰富内涵正渗透到体育改革发展的方方面面。

　　足球全球化趋势日益显著，强国林立，高手如云。反观我国足球，受诸多因素掣肘，长期徘徊不前，鲜有突破性进展。基于此，唯有从足球青训抓起，在人才选拔、梯队建设、教学改革等多领域持续发力，夯实根基，方能从整体上提升中国足球竞技水平。而足球课程教学改革，正是其中至关重要的一环，对于优化人才成长环境，增强学生身体素质，提高足球技战术水平，强化团队协作能力，无疑具有不可替代的积极作用。具体而言，改革创新的足球课程教学，当立足培养全面发展的高素质人才，融入足球项目前沿动态，创新教学模式，拓宽学习路径，系统传授足球理论与实践；当改变师生单向灌输的被动局面，创设平等互动的双向对话，调动学生学习主动性、积极性；当联结课内外，线上下，拓展学习时空，让学生在掌握足球要义的同时，加深对足球运动的认知，坚定体育报国的远大志向。唯有如此，方能厚植足球人才成长的沃土，为中国足球插上腾飞的翅膀。

审视当下中国足球教学现状，仍存在诸多亟待破解的难题：

（1）教学观念相对滞后。部分体育教师安于现状，满足于完成规定动作，疏于对教学效果与质量的深入思考，久而久之，教学模式僵化，创新意识淡漠，难以唤起学生的参与热情。对此，唯有转变观念，树立以人为本、因材施教的教育理念，方能推动足球教学迈上新台阶。

（2）教学方式方法单一化倾向明显。长期以来，足球教学往往流于"一言堂""满堂灌"，忽视学生的主体地位，难以调动学生学习积极性。对此，教师应创新教学形式，在讲授足球基本理论的同时，充分运用现代信息技术手段，借助多媒体课件、视频动作分解等直观形象的教学辅助，将抽象理论转化为具体实践，调动学生多感官参与，提升教学的趣味性和实效性。

（3）教学资源严重短缺。目前，不少学校足球场地设施老化，功能不全，与日益增长的教学需求不相适应。同时，足球师资力量薄弱，专兼职结合的足球教学与训练团队尚未完全建立。资源约束下，足球人才培养质量与效率难以同步提升。对此，亟须加大投入，改善办学条件，充实师资队伍，为足球教学创新提供坚实保障。

（4）"因材施教"的个性化教学尚未完全落实。足球项目对学生身体素质、专项技能、心理品质等方面的要求各有侧重。部分学生热衷于足球，而另一部分则兴趣寥寥，单一化、同质化的教学模式难以契合学生个性特点，不利于学生的全面发展。对此，教师应研究制订分层教学方案，针对学生差异性，进行个性化的教学设计，挖掘每个学生的独特潜能。

总而言之，足球教学改革的必要性已然凸显。未来，我们应在更新教学理念、创新教学方法、健全教学资源、推行分层教学等方面持续用力，推动足球教学模式不断迭代优化，为培养德智体美劳全面发展的社会主义建设者和接班人提供坚实保障，开创中国足球发展的崭新局面。

第一节　分层教学模式

当前，面对日益凸显的足球人才培养质量问题，如何因材施教，促进学生的个性化发展，已成为体育教学改革的重要议题。分层教学模式作为一种创新性的教学范式，通过基于学生学习能力与兴趣爱好的科学分组，制订差异化的教学计划，为学生的全面发展提供了新的可能。本节拟从教育理念、实施路径、保障措施等维度，深入剖析分层教学模式在足球教学中的应用，以期为相关教学实践提供有益参考。

一、以生为本：分层教学模式的理念内核

传统的足球教学往往采取"一刀切"的模式，忽视学生的个体差异，难以有效调动其学习积极性。分层教学模式的核心在于尊重学生的主体地位，根据其学习基础、认知风格、兴趣爱好等，因材施教，促进学生的个性化发展。这一理念不仅有利于促进学生综合素质的提升，更是落实立德树人根本任务的必然要求。

具体而言，在分层教学中，教师首先须对学生的学情有一个全面把握，在此基础上实施分组教学。通过将学习能力相近、兴趣爱好相似的学生编入同一学习小组，教师可根据各组特点，有针对性地设计教学内容，优化教学方法，营造适合学生身心发展的学习情境，最大限度地挖掘每一位学生的潜能。学生在协作学习中不仅可以掌握扎实的足球理论知识与运动技能，更能提升自信心、培养团队意识，实现全面发展。

可以说，分层教学模式是尊重教育规律、遵循学生成长规律的必然选择。它突破了"一言堂"的教学定式，实现了从"教"到"学"的根本转变，让学生真正成为学习的主人。在这一过程中，学生的主体意识、创新精神、实践能力等都得到了充分发展，这无疑为其终身发展奠定了坚实基础。

二、精准施教：分层教学模式的实施路径

分层教学要落到实处，关键在于找准学生的差异性，进而实施分层教学。对此，教师应着眼以下方面。

（一）科学诊断，把握学情

分层教学的前提是对学生学习状况的准确把握。教师应综合运用观察、测验、谈话等多元评价方式，深入了解学生知识基础、学习能力、兴趣爱好等，在全面诊断的基础上因材施教。

（二）合理分组，因材施教

根据学情诊断结果，教师应遵循因材施教的原则，将学生划分为不同的层次与小组。在分组过程中，除学习能力外，学生的个性特点、人际关系等也应纳入考量，以形成良性的同伴效应。分组后，教师要制订具有针对性、阶梯性的教学目标与教学计划，确保教学内容适度超前，满足不同层次学生的发展需求。

（三）创设情境，突出实践

足球运动对学生的身体素质、专项技能、心理品质等方面均有较高要求，单纯的课堂讲授难以达到良好效果。教师应充分利用训练场、多媒体等，创设逼真的竞技情境，引导学生在实战中强化技战术应用，提高心理素质。同时，要注重培养学生的创新意识，鼓励其大胆探索、勇于尝试，在主动实践中构建知识体系。

（四）实行评价，促进反思

教学评价是教学的"指挥棒"，科学的评价有利于强化学生的学习动机，提升教学效果。在分层教学中，教师要根据学生的差异性，制订多元评价标准。对基础薄弱的学生，可采取进步性评价，及时肯定其点滴进步；对学有余力的学生，则要设置更高目标，引导其不断超越自我。同时，要重视学生自评与生生互评，促使学生在评价中反思、调整学习策略，形成良性循环。

三、系统推进：分层教学模式的保障措施

分层教学作为一种全新的教学模式，对教师的专业素养、学校的软硬件设施等提出了更高要求。为确保分层教学取得实效，需系统推进，注重顶层设计、队伍建设、资源配置等。

（一）转变观念，凝聚共识

分层教学的推行需要全员参与、形成合力。学校要充分认识分层教学的重要意义，将其纳入教育教学改革的总体部署，制定配套政策，为教师实施分层教学提供制度保障。同时，要加强教师培训，帮助教师更新教育理念，掌握分层教学的基本原理与实施策略，提升因材施教的能力。只有观念先行，凝心聚力，分层教学才能真正落地生根。

（二）优化配置，提供保障

分层教学对师资、场地、设施等软硬件条件有较高要求。学校要加大投入，改善办学条件，为分层教学创造良好环境。一方面，要建设一支理论功底扎实、实践经验丰富的师资队伍，鼓励教师开展教学研究，不断优化教学设计；另一方面，要加强基础设施建设，完善功能室、训练场等教学场所，为学生提供充足的实践机会。只有软硬件并重，教育投入到位，分层教学才能行稳致远。

（三）联动家校，形成合力

学生的成长离不开家庭教育的有力支撑。学校要主动联系家长，通过家长会、家访等形式，宣传分层教学的意义，介绍分层教学的做法，争取家长的理解和支持。同时，要引导家长参与到分层教学中来，为学生创造良好的家庭学习环境，及时与教师沟通反馈学生的学习情况，形成教育合力。家校携手，共育英才，分层教学的效果才能最大化。

综上所述，分层教学模式是推动足球教学改革的现实路径。在"以生为本"的理念指引下，通过学情诊断、科学分组、创设情境、多元评价等，分层教学能够最大限度地挖掘学生潜能，促进学生的个性化发展。同时，分层教学的推行还需要学校、教师、家长的通力合作，在理念更新、条件保障、协同育人等方面形成合力。唯有如此，分层教学才能在足球教学中落地生根、开花结果，为学生的全面发展插上腾飞的翅膀。

第二节　混合式教学模式

随着信息技术的迅猛发展，"互联网＋"时代大潮席卷而来，深刻重塑着社会的方方面面。面对这一趋势，教育领域亦无法独善其身。将现代信息技术与传统教学深度融合，探索形成新型教学模式，已成为教育现代化的应有之义。混合式教学正是顺应时代发展、满足教学需求的产物，其通过线上线下相结合、同步非同步并重的方式，集众家之长，为教与学注入了新的活力。本节以足球教学为例，探讨混合式教学模式在体育教学中的应用，为教学改革实践提供参考。

一、混合式教学的理念内核

混合式教学并非简单的线上线下教学的拼凑，而是遵循教育教学规律，体现以生为本理念，将二者有机融合，形成的创新性教学模式。其内在逻辑在于通过科学设计与合理组织，充分发挥网络学习的灵活性与课堂教学的针对性优势，为学生提供个性化、多元化的学习体验，促进其全面发展。

具体而言，混合式教学理念体现在以下三个方面：其一，学生中心。不同于传统"满堂灌"的被动学习，混合式教学强调学生的主体地位，鼓励其自主安排学习进度，开展探究性学习，教师从"主角"转为"导演"，为学生提供必要的指导与帮助。其二，优势互补。线上教学打破时空限制，利于学生自主学习；线下教学聚焦师生互动，便于查漏补缺。二者相得益彰，取长补短，可以最大限度地满足学生个性化学习需求。其三，即时反馈。依托大数据分析技术，教师可实时掌握学生学情，及时诊断学习困难，为个性化教学提供依据。学生也能通过测验、讨论等，客观评估自身学习效果，查缺补漏，形成良性循环。

可以说，混合式教学开启了学习范式变革。它顺应信息时代发展需求，坚持以生为本，为学生搭建起一个全新的学习生态系统。在这一系统中，学生拥有了更多自主权，学习方式更加灵活多样，师生互动更加密切，评价反馈更加及时有效。正是基于这些独特优势，混合式教学必将引领教学改革风潮，成为教育现代化的必由之路。

二、足球混合式教学的实施路径

足球运动以其独特魅力吸引着广大学生，但传统足球教学仍面临诸多困境，如师生互动不足、学生个体差异难以兼顾、教学形式单一等。混合式教学为破解这些难题提供了新思路。通过重构教学流程，优化资源配置，完善评价体系，混合式教学能够有效提升足球教学质量，培养学生的运动能力与综合素养。

（一）线上线下相结合，拓展足球学习的时空边界

教师可利用 SPOC 等在线平台，提前发布教学视频、电子课件等，供学生自主学习。学生可根据自身情况，合理安排学习进度与内容，并通过在线交流、单元测试等，检验学习成果。课堂则成为师生互动、答疑解惑的主阵地。教师可针对学生的共性问题开展讲解示范，组织小组讨论、成果展示等，加深学生对所学知识的理解与内化。由此，把学习主动权还给了学生，也为差异化、个性化教学创造了条件。

（二）为足球教学注入时代元素

传统足球教学多以教师讲授、示范为主，形式相对单一。而在混合式教学中，教师可充分利用多媒体、VR 等现代信息技术手段，将足球技战术动作进行分解、重组，供学生反复观摩学习。学生也可利用网络平台，收集整理国内外优秀球员的精彩片段，通过模仿学习、讨论交流，不断优化动作细节，提高技战术水平。如此，足球学习变得更加直观生动、丰富多彩。学生的学习兴趣被充分激发，认知结构得以优化重组，运动技能、创新能力、团队意识等得到了全面提升。

（三）为足球教学改革提供新路径

在传统足球教学评价中，往往偏重结果而忽视过程，重成绩而轻能力，难以全面考察学生的发展情况。而在混合式教学中，可建立起基于过程性评价的综合评价体系。通过网上讨论参与度、翻转课堂表现、球技运用能力等维度的考核，动态记录学生成长轨迹，激励其持续进步。同时，学生在小组合作中展现组织协调、沟通表达等能力，培养团队精神，这些都将成为评价的重要内容。由此，足球教学评价突破单一化、结果化的桎梏，更加注重学生运动能力与综合素养的提升，为其未来发展奠定了坚实基础。

当然，混合式教学在足球教学中的应用仍处于探索阶段，还存在网络平台建设滞后、教师信息化教学能力有待提升等问题。唯有加强顶层设计，完善配套措施，才能推动足球混合式教学落地生根、开花结果。

三、足球混合式教学的支撑体系

混合式教学作为一种新型教学模式，对教学理念、资源建设、师资培养等提出了更高要求。为确保足球混合式教学行稳致远，必须构建一个多维度、全方位、可持续的支撑体系。

（一）更新教学理念

混合式教学理念的核心是以生为本，突出学生主体地位。这就要求教师转变传统的"满堂灌"思维定式，树立以学生为中心、自主学习、合作探究等新理念，为学生提供引导与帮助。学校要加强对教师的培训，帮助其掌握信息化教学手段，提升教学设计能力，以适应新的教学要求。只有教学理念先行，混合式教学才能落地生根。

（二）加强资源建设

优质的教学资源是开展混合式教学的基石。学校要整合优化现有足球课程资源，开发制作体现时代特色、满足学生需求的微课、视频、动画等，丰富资源类型与呈现形式。同时，要搭建网络教学平台，为师生互动、学习评价等提供支持，促进教学资源的共建共享，为个性化学习提供保障。资源为本，方能让混合式教学焕发出勃勃生机。

（三）创新评价机制

科学的评价是保障教学质量的关键。在足球混合式教学中，要树立全面发展的评价导向，建立多元化的评价指标体系。线上学习参与度、课堂表现、技能考核、团队协作等都将被纳入评价范畴。同时，要注重学生自评、生生互评，引导其客观认识自我，相互借鉴学习。教师也要及时跟进反馈，因材施教，助力学生提升。唯有创新评价机制，方能为学生成长保驾护航。

（四）优化实践环节

足球运动重在实践，混合式教学要将足球技能训练与理论学习紧密结合。学校要科学规划足球场地，完善训练器材，为学生提供充足的实践机会。教师要精心组织与设计教学，增加实战练习的比重，锻炼学生的综合运用能力。同时，要积极开展班级联赛、球技大赛等，营造浓厚的足球文化氛围，提升学生的参与热情。重视实践，厚植沃土，方能使足球人才茁壮成长。

综上所述，面对信息时代的机遇与挑战，足球教学唯有主动求变，积极融合现代信息技术，创新教学模式，方能焕发新的生机与活力。混合式教学正是顺应时代需求应运而生的产物，其以生为本的理念内核，线上线下相结合的实施路径，以及多维度的支撑体系，必将为足球教学插上腾飞的翅膀。展望未来，站在信息技术和教育深度融合的制高点，足球混合式教学大有可为，它必将引领体育教学走向更加璀璨的明天！

第三节　合作学习模式

"足球"与"合作"，看似风马牛不相及，实则交相辉映。在当下体育教学改革的大潮中，合作学习模式已成为足球教学的一股清流，其所蕴含的育人理念、实施路径、制度保障，正悄然改变着传统足球课堂的生态，为学生的全面发展带来勃勃生机。本节以足球教学为切入点，围绕"合而不同、踢出高效"的改革理念，深入剖析合作学习模式在足球教学中的应用，以期为相关实践提供参考。

一、合作学习：足球教学改革的应然选择

综观传统足球教学，呆板的"讲练式"占据主流，师生互动乏善可陈，学生个体差异难以兼顾，创新思维、合作意识等非智力因素更是成为"稀缺品"。种种弊端折射出传统教学模式的窠臼，亟待变革创新的春风化雨。而合作学习模式的出现，无疑为足球教学改革提供了新的思路和动力。

何谓合作学习？简言之，即在教师指导下，学生通过小组互动、团队协作完成共同的学习任务，在此过程中相互启发、共同提高的一种教学模式。其内在逻辑在于，个体参与是基础，小组互助是纽带，协同创新是归宿。在这一过程中，学生不仅能掌握知识技能，更能形成合作意识、创新精神等综合素养，真正成为学习的主人。由此，合作学习实现了从"要我学"到"我要学"的范式转换，开启了"教学相长"的崭新境界。

足球运动讲求个人技艺与团队意识的完美融合，这与合作学习的内在要义不谋而合。将二者深度融合，能够实现个性化、差异化教学，激发学生的参与热情；能够创设真实情境，提升学生的运用能力；能够发挥集体智慧，培养学生的创新意识。可以说，合作学习是足球教学改革的必由之路，对于提升足球课堂教学质量，培养学生的综合素养，具有不可替代的积极作用。

二、厚植沃土：合作学习的实施路径

如何践行合作学习理念，将其落到足球教学的实处？这需要精心设计、周密实施，在理念更新、资源建设、氛围营造等方面多管齐下，厚植合作学习的沃土。

（一）更新教学理念，明确改革方向

教师要主动适应时代要求，树立"以生为本、合作共赢"的教

育理念，充分认识合作学习的价值内涵，将其作为足球教学改革的重要抓手。学校层面，要加大培训力度，帮助教师掌握合作学习的实质内涵和实施策略，提升组织协调、过程引导等能力，适应新的教学要求。唯有上下同欲、齐心协力，方能形成改革合力。

（二）健全资源配置，夯实改革基础

学校要科学规划足球场地，完善训练器材，为合作学习提供必要的硬件支持。同时，要优化师资结构，建设一支师德高尚、业务精湛的足球教师队伍。在教材建设方面，要根据合作学习的理念要求，有针对性地开发项目化、情境化的系列教材，为分层教学、异质分组等提供支撑。此外，学校还要关注学生学情，了解学生的认知基础、兴趣爱好等，为分组教学、个性施教提供第一手资料。唯有软硬兼施，上下协同，方能为合作学习的实施奠定坚实基础。

（三）优化教学组织，拓展改革路径

合作学习的核心环节是小组学习，教师要科学设置学习小组，遵循"异质同组、互补共进"原则，将不同层次、特点的学生编入同一小组，发挥优势互补、共同进步的协同效应。同时，要合理设置小组任务，做到难易适度、梯度递进，充分调动不同层次学生的学习积极性。在学习过程中，教师要充分发挥小组内生生互动的优势，开展同伴互助、思维碰撞等，培养学生的团队协作意识。师生互动方面，教师要参与到学生小组中，提供及时引导与点拨，营造民主、和谐的师生关系。课堂内外，要广泛开展足球赛事、夏令营等，延伸合作学习的时空，拓展学生的成长空间。由此，足球合作学习将成为一个立体化的育人平台。

（四）重构评价机制，凸显改革成效

评价是教学的"指挥棒"，在合作学习中更应树立科学的评价理念，建立完善的评价体系。一方面，要将学生的合作表现纳入考核范畴，重点评价其参与度、互助度、创新度等，引导学生"比学赶帮超"；另一方面，要发挥学生的主体作用，采取自评、互评等多元评价方式，促进其在反思中成长进步。对教师而言，不仅要考察其组织管理、教学设计等基本功，更要评价其引导互动、激励创新等高阶能力。如此，才能真正发挥评价的导向、鉴定、激励等多重功能，为足球合作学习增添助力。

三、砥砺前行：合作学习的制度保障

合作学习不是一蹴而就的，它需要顶层设计、制度保障。只有形成"党委统揽、部门协同、上下联动、内外兼修"的工作格局，才能推动足球合作学习在育人实践中落地生根、开花结果。

（一）加强组织领导，明确责任分工

学校党委要高度重视合作学习，将其纳入"三全育人"工作体系，制订系统规划，完善工作机制，为足球教学改革提供政策引领。教务、体育等部门要通力协作，在师资配备、经费投入、训练安排等方面形成联动，为合作学习创造良好环境。教研组、备课组等基层单位要发挥"神经末梢"作用，围绕合作学习开展集体备课、教学研讨，推动理念落地、方法更新。层层压实责任，环环相扣发力，方能形成改革的"一盘棋"。

（二）深化校企合作，拓宽育人渠道

学校要主动对接社会资源，与体育俱乐部、企事业单位建立长效合作机制。通过共建实习实训基地、开发校本课程、引进行业专家等形式，为学生提供更加广阔、真实的学习情境，拓展合作学习的外延。同时，要充分利用俱乐部的专业力量，为教师教学能力、专业素养提升搭建平台，引领教师在合作交流中成长。可以说，深化校企合作既是合作学习的内在要求，也是足球人才培养的必经之路。

（三）注重科研引领，探索长效机制

改革创新没有现成模式可依，唯有在实践探索中凝练经验、升华规律。对此，学校要加大教研投入，支持教师立项攻关，在课程设置、教学组织、评价考核等方面积极探索，不断优化完善合作学习模式。同时，要整合优秀团队，组建合作学习课题组，系统开展理论研究、案例分析，为足球教学改革积累经验、把脉定向。此外，要搭建交流平台，通过教学竞赛、经验交流会等，推动合作学习的典型做法、成功经验辐射带动，探索形成可推广、可持续的长效机制，为足球教学改革注入不竭动力。

总之，在体育教学改革的新征程上，合作学习正以昂扬的姿态踏浪前行，成为点亮足球课堂的一束光。无论是理念的先进性，路径的多元化，还是保障的长效性，都昭示着这种模式蕴藏的勃勃生机。展望未来，随着理念进一步深化，模式日臻完善，合作学习必将成为引领足球教学变革的一面旗帜，帮助学生全面发展。

第四节　一体化教学模式

"盘球于室内，挥洒于室外"，这是足球教学的理想图景。然而，受传统观念、资源短缺等因素制约，课内外割裂、理实脱节等问题在足球教学中普遍存在，严重阻碍了教学质量的提升。面对新时代对体育人才培养的更高要求，唯有打破藩篱，推进课内外一体化教学模式变革，方能激活足球教学这"一潭春水"，焕发勃勃生机。本节以此为切入点，围绕足球课内外一体化教学展开探究，以期为相关改革实践提供参考。

一、足球课内外一体化教学：问题与症结

综观我国足球教学现状，理念滞后、模式单一、资源匮乏等问题交织，成为制约足球教学质量提升的绊脚石。

（一）教学理念陈旧

部分教师未能充分认识到课堂内外融通的重要性，仍秉持"满堂灌"思维，过度强调课堂讲授，忽视了学生的主体地位，课堂氛围沉闷，师生互动乏善可陈。学生在被动接受中丧失兴趣，参与热情逐渐消退。而课外实践则成了"鸡肋"，缺乏统筹规划，与课堂教学各自为政，未能形成合力。

（二）教学模式单一化倾向明显

受应试教育惯性影响，不少足球课堂仍围绕考试、注重结果，而忽视了技能训练、身心塑造等内在要求。教师"照本宣科"，生搬硬套，罔顾学生的个性差异，缺乏针对性、启发性的指导。学生在机械训练中茫然无措，创新思维、实践能力难以得到有效培养。课外实践则流于形式，缺乏目标引领，与课堂教学严重脱节，未能实现理论与实践的有机统一。

（三）师资力量薄弱，场地器材短缺

面对日益膨胀的足球教学需求，部分学校的师资配置严重滞后，存在"一人多岗"现象，教师难以全身心投入教学改革。同时，专业的足球场地、训练器材短缺，难以为学生提供良好的学习环境。在资源约束下，课内外一体化教学往往流于口号，鲜有实质性举措，徒增无谓困扰，掣肘足球教学。

可以说，传统足球教学的种种弊端已然凸显，亟待变革图新。而课内外一体化教学模式正是顺应时代要求、满足学生需求的现实选择。它从整体角度审视教学过程，突破"围墙式"藩篱，实现内外贯通、缀连融合，必将为足球教学带来"破茧成蝶"的转机。

二、足球课内外一体化教学：实施路径

推进足球课内外一体化教学，须在更新理念的基础上，深化教学改革，健全资源配置，多措并举、标本兼治，方能取得实效。对此，学校应重点把握好以下方面。

（一）更新教学理念，厘清改革方向

足球课内外一体化教学的核心在于"一体"，即打通课堂内外的界限，实现知行合一、教学相长。这就要求教师树立"大教学"理念，将视野从单一课堂延伸到校园、社会，将关注点从"教"转向"学"，激发学生内在动力，调动其学习积极性。学校要加强教师培训，创新教研方式，引导教师领会课内外一体化教学内涵，探索行之有效的实施路径，内化于心，外化于行。

（二）创新教学模式，拓展实践路径

课内外一体化教学的关键在于找准结合点，形成互促共进的良性循环。课内教学要精讲多练，在精讲理论的同时，加大实践训练力度。教师要结合学生特点，进行分层教学，因材施教，激发学生学习兴趣。课外实践要立足学生需求，开展形式多样的足球活动。例如，成立足球俱乐部，定期开展校际友谊赛；鼓励学生参与社区足球赛事，提升其组织协调能力；利用周末、节假日组织足球夏令营，开阔学生视野。俱乐部、社区、夏令营能构成一个相互关联、递进发展的实践体系，与课堂教学交相辉映，为学生搭建成长的"立交桥"。

（三）优化资源配置，夯实改革基础

课内外一体化教学需要人力、物力等多方面的支撑。在师资建设上，学校要树立"专兼结合"的用人理念，引进专业教练，培养学生骨干，建设一支结构合理、素质优良的"双师型"师资队伍。同时，要与社会力量广泛合作，借助俱乐部、体育组织等平台，建立人才培养基地，为教师教学能力、专业素养提升搭建平台。在场地建设上，要多渠道筹措资金，因地制宜规划建设符合标准的足球场，完善照明、更衣等配套设施，为课内外教学创造良好环境。

（四）健全评价机制，激励教学改革

科学的评价是保障教学质量的"指挥棒"。学校要针对课内外一体化教学特点，建立多元评价体系。一方面，要将学生课外实践表现纳入学业评价，设置合理权重，引导其积极参与；另一方面，要发挥学生的主体作用，开展自评、互评，引导其在实践中反思提升。对教师评价要突出改革导向，重点考察其组织协调、资源整合等能力，并将评价结果与职称晋升、绩效分配等挂钩，调动其投身教改的积极性、主动性。

三、足球课内外一体化教学：制度保障

足球课内外一体化教学改革是一项系统工程，需在政策引领、制度创新中破解改革难题，为教学模式变革扫清障碍、铺平道路。

（一）加强组织领导，健全工作机制

学校党委要高度重视足球教学改革，将其纳入"三全育人"工作格局，完善顶层设计，厘清责任分工。成立由党政主要负责人牵头、相关职能部门参与的足球教学改革领导小组，建立"党委统一领导、党政齐抓共管、教务牵头负责"的工作机制，加强统筹协调，形成工作合力。同时，要建立与地方教育、体育等部门的沟通协调机制，争取政策、资金等方面的支持，为课内外一体化教学创造良好的外部环境。

（二）深化校企合作，拓宽资源渠道

学校要主动对接社会资源，与体育俱乐部、企事业单位建立紧密合作关系。利用合作企业的资金、技术、平台等优势，共同开发足球课程，建设实习实训基地，开展人才培养，形成优势互补、互利共赢的良好局面。例如，联合职业足球俱乐部建立青训中心，为

优秀苗子搭建成长平台；牵手体育用品企业组建校企实验室，开展足球装备研发，让学生在项目攻关中强化实践本领；引入校外教练、裁判资源，为学生提供专业化、个性化辅导。校企协同既拓宽了足球教学的资源渠道，又延伸了人才培养的时空界限。

（三）推动教研攻关，探索长效机制

足球课内外一体化教学作为一种新生事物，在实践探索中亟须理论滋养、智力加持。学校要组建专门的教研团队，立足教学改革实际，围绕课程设置、教学模式、实践路径等重点问题开展研究，并及时将成果运用到教学实践中，在循环往复中不断优化完善。同时，要搭建教研交流平台，充分发挥基层教学组织作用，开展集体备课、说课评课、经验交流等，推动优秀经验、创新做法的辐射带动，探索具有自身特色的教学改革路子。此外，学校还要加强与高校、科研机构的合作，吸引高水平人才参与教研，在理论探索、实证研究上取得新突破，努力形成可推广、可持续的改革发展机制。

总之，足球课内外一体化教学改革是破解束缚足球教学发展的"枷锁"、激活其生机活力的关键一招。它以理念更新为先导，以模式创新为核心，以条件建设为支撑，为足球人才培养开辟了广阔天地。展望未来，随着改革的不断深入，一体化教学必将成为足球教学发展的主旋律，推动其迈上体教融合、内外兼修的崭新征程。

第五节　螺旋式教学模式

面对新时代体育教育改革的时代洪流，如何破解传统足球教学的困局，培养学生的运动兴趣与综合素养，已成为摆在广大体育教师面前的一道时代命题。螺旋式教学模式的出现为破解这一难题提供了崭新视角。其通过新颖的教学设计，循序渐进、螺旋上升的学习路径，不仅能充分调动学生的学习积极性，更能促进其对知识技能的内化吸收。本节拟以此为切入点，围绕着足球螺旋式教学展开探讨，以期为相关教学实践提供启示。

一、螺旋式教学：足球教学变革的时代选择

综观当下足球教学现状，传统的"填鸭式"教学仍占据主导，单向灌输、机械训练的做法普遍存在，学生学习兴趣不高，参与热情不足，创新意识、实践能力更是乏善可陈。这种现状不仅背离了体育教学以人为本、健康第一的宗旨，更与全面发展教育的时代要求格格不入。面对新形势新要求，唯有创新教学模式，优化教学路径，方能焕发足球教学生机，开创育人新局。

螺旋式教学正是顺应这一时代呼唤应运而生。其内涵在于打破传统的直线式教学思维，采取循序渐进、由浅入深的学习路径，引导学生在新旧知识的反复比较、交互印证中实现能力的提升。具体而言，教师精心设计教学环节，将知识点分解为若干学习任务，让学生在反复操练、层层深入中实现对知识的掌握和内化。学生则成为学习的主体，在主动探究、合作交流中构建知识体系，形成能力素养。师生角色的转变，学习方式的革新，必将为足球教学注入勃勃生机。

足球运动讲求个人技艺与团队意识的完美融合，这恰与螺旋式教学强调主体参与、螺旋提升的内在要义不谋而合。将二者有机结合，能够充分调动学生的学习兴趣，培养探究创新精神；能够因材施教，照顾学生个性差异；能够促进知行合一，提升学生的实践运用能力。由此，螺旋式教学已然成为足球教学变革的必由之路，是培养德智体美劳全面发展的时代选择。

二、足球螺旋式教学：落实路径

螺旋式教学要在足球教学中落地生根，关键在于在科学规划的基础上，创新实施路径，优化评价机制，构建全方位、多层次的实践体系。对此，教师应重点把握以下环节。

（一）匡正教学理念，厘清改革思路

教师要树立"主体参与、能力为本"的教学理念，充分认识到学生在学习过程中的决定性作用，努力营造开放、互动的学习氛围。在教学中，要坚持从实际出发，根据学生认知规律和接受能力，合理设计教学任务，引导学生在"做中学、学中做"中掌握知识、强化技能。同时，学校要加强教师培训，创新教研模式，推动理念更新，为螺旋式教学创造良好环境。

（二）优化教学设计，创新实施策略

教学设计是螺旋式教学的核心环节。教师要在全面分析教材的基础上，围绕教学目标，遴选关键知识点，设计层层递进、环环相扣的学习任务，搭建起循序渐进、螺旋上升的认知阶梯。同时，要创设情境，营造氛围，充分利用多媒体、VR等技术手段，为学生提供沉浸式、交互式的学习体验。在教学过程中，要注重师生互动、生生互助，开展小组合作学习，鼓励学生畅所欲言，在头脑风暴中碰撞思想火花。课内外还要广泛开展校际联赛、球星讲座等，拓展学习时空，营造浓郁的足球文化氛围。

（三）重构评价体系，促进学生发展

科学的评价是保障教学质量的关键。教师要树立全面发展的评价理念，建立多元化的评价指标体系。既要关注学生的运动技能，更要重视其学习过程、合作意识、创新能力等关键要素。形式上，要综合运用平时考核、技能测试、理论考试等，动态记录学生成长历程，尤其要注重学生自评、生生互评，引导其在实践反思中查缺补漏、完善提高。同时，要处理好结果性评价与过程性评价、定量评价与定性评价的关系，科学评判学生的学习效果，激励其持续进步、不断超越。

三、足球螺旋式教学：制度保障

足球螺旋式教学是一项系统工程，需要全员参与、多方联动，在制度创新中筑牢保障基石。为此，应重点构建以下三大机制。

（一）建立责任机制，形成工作合力

学校要将足球螺旋式教学纳入教学改革的顶层设计，明确发展目标，完善政策举措，为改革创新提供制度保障。成立由校领导牵头的教学指导委员会，统筹规划、指导实施，并建立相应的考核评估机制，将改革成效与教师绩效挂钩，激发其内生动力。同时，要健全校际交流机制，加强与兄弟院校的经验分享，推动资源共享、优势互补，形成教学改革的整体合力。

（二）健全保障机制，夯实发展根基

学校要切实加大投入，完善场地器材，改善办学条件；同时，优化师资结构，加强教师培养，建设一支师德高尚、业务精湛的"双师型"师资队伍。在课程建设上，要成立专门的教研团队，开发反映时代特色、契合学生需求的校本教材，为螺旋式教学提供内容支撑。资源为本，硬件先行，唯有保障到位，教学改革才能行稳致远。

（三）创新协同机制，拓宽育人渠道

融合校内外资源，构建协同育人新格局。学校要与体育俱乐部、企事业单位建立紧密合作关系，开辟实习实训基地，丰富教学内容形式；同时，引入社会专业力量参与教学指导，拓宽学生成长渠道。学校还要主动对接地方资源，积极融入全民健身事业，带领学生参与社区足球赛事、志愿服务等，在服务社会中提升综合素质。唯有内外兼修，校社互动，才能拓展足球人才培养的广度和深度。

　　综上所述，足球螺旋式教学是新时代体育教学改革的必然选择，是培养学生运动素养、促进其全面发展的现实路径。然而，其推行并非一蹴而就，还面临诸多困境亟待破解：教师专业能力有待提升，场地设施亟须完善，社会资源有待整合等。对此，我们要以改革创新为先导，以制度建设为保障，在螺旋式教学模式的构建中厚植沃土、筑牢根基，推动足球教育稳步向前。

第四章　足球训练模式创新研究

第一节　科学化训练理念

在当今教育改革的大背景下，学校体育教学受到前所未有的重视。作为最受学生欢迎的体育项目之一，足球训练在促进学生身心全面发展、提高综合素质等方面有着独特的作用。然而，受传统应试教育理念和训练模式的影响，我国学校足球训练的科学化、专业化水平仍有待提升。为了更好地发挥足球运动的育人功能，推动校园足球运动的蓬勃发展，构建科学、先进的足球训练理念势在必行。

一、传统足球训练模式的弊端

长期以来，我国学校体育教学受应试教育的影响根深蒂固。在这种环境下，足球训练往往沦为应付考试的工具，忽视了学生的兴趣培养和综合能力的提升。具体而言，传统的足球训练存在以下问题。

（一）训练理念落后

许多学校和教师仍然秉持"以球技为本"的训练理念，过度强调技战术的学习和比赛成绩，而忽视了学生身心发展的需求。这种片面追求竞技性的做法，不仅无法调动学生的积极性，反而可能引起学生的逆反心理。

（二）训练方式单一

传统的足球训练大多采用"教师讲授、学生模仿"的方式，缺乏创新和趣味性。枯燥乏味的训练内容和方法，难以激发学生的学习热情。同时，这种"填鸭式"的训练忽视了学生的个体差异，无法因材施教，最终导致训练效果不佳。

（三）师资力量薄弱

足球运动对教师的专业素养要求较高，但目前我国学校普遍缺乏高水平的足球专业教师。许多从事足球教学的教师往往是由其他体育项目的教师兼任，缺乏系统的足球专业知识和训练经验。师资力量的不足，直接影响了足球训练的质量。

（四）场地设施匮乏

足球运动对场地、器材等硬件设施有较高要求，但不少学校受经费等条件的限制，无法提供标准的足球场地和充足的训练器材。场地设施的缺乏，一定程度上制约了足球训练活动的开展。

二、科学足球训练理念的内涵

针对传统足球训练存在的种种问题，我们必须树立科学的足球训练理念。科学的足球训练理念应该以学生为本，以促进学生身心全面发展为根本目标，注重学生兴趣的培养和个性的发展。科学足球训练理念的内涵可概括为以下方面。

（一）以人为本，全面发展

科学的足球训练理念应秉承"以人为本"的教育思想，关注每一个学生的成长需求。训练过程中，教师要尊重学生的个性差异，根据不同学生的特点因材施教。同时，足球训练不应局限于对学生球技的提高，更应注重学生品德、意志、合作精神等综合素质的培养，促进学生德智体美劳全面发展。

（二）趣味性与科学性并重

良好的足球训练应在科学性的基础上，注入趣味性元素。教师要精心设计训练内容和方式，融入游戏、比赛等有趣的环节，调动学生的参与热情。同时，训练要遵循体育运动的基本规律，符合学生身心发展的特点，做到寓教于乐。唯有将趣味性与科学性完美结合，才能达到事半功倍的训练效果。

（三）注重学生的主体地位

在足球训练过程中，学生应是学习的主体。教师要充分发挥学生的主观能动性，鼓励学生积极思考、大胆实践。通过启发式、探究式的教学，引导学生主动参与到训练中来。同时，教师还要重视学生的反馈和建议，及时调整训练计划，真正做到学生为主体、教师为主导的新型教学关系。

（四）培养学生的终身锻炼习惯

科学的足球训练不仅要提高学生的足球技能，更要培养学生终身锻炼的意识和习惯。训练中，教师要引导学生正确认识足球运动的价值，帮助他们树立"健康第一"的理念。同时，要教给学生科学的锻炼方法，让他们学会合理安排时间，养成自觉锻炼的好习惯。唯有如此，学生才能受益终身。

三、科学足球训练理念的实施策略

科学足球训练理念的构建固然重要，但更关键的是将理念落实到训练实践中。为有效推进科学足球训练理念的实施，学校和教师可从以下方面着手。

（一）转变教育观念，加大投入力度

学校领导和体育教师要从思想上重视足球训练，树立科学的教育理念。学校要将足球运动纳入教育教学的整体规划，在师资、场地、经费等方面加大投入，为开展足球训练提供必要的人力、物力支持。同时，学校还要加强与体育部门、社会机构的合作，整合各方资源，营造良好的足球运动氛围。

（二）创新训练模式，提高训练质量

足球教师要不断更新训练理念，改进训练方法。在训练中，要充分利用多媒体、网络等现代教育技术手段，创设情境，增强训练的直观性和互动性。同时，要根据学生的年龄特点和接受能力，合理设置训练难度，做到循序渐进、因材施教。训练内容要丰富多样，涵盖身体素质、基本技术、战术意识等各个方面。通过科学系统的训练，不断提高学生的足球水平。

（三）建设高素质教师队伍

学校要高度重视足球教师队伍建设，完善教师选拔和培养机制。一方面，要面向社会广纳贤才，引进优秀的足球专业人才充实师资力量；另一方面，要加强在职教师的培训，通过专题讲座、观摩学习等形式，提升教师的业务能力和训练水平。学校还要关心教师的职业发展，完善绩效考核和激励机制，调动教师的积极性和创造性。

（四）丰富校园足球活动

为营造良好的足球氛围，学校要积极开展形式多样的校园足球活动。可以定期举办班级、年级、校际间的足球比赛，组织足球兴趣小组、社团，开设足球选修课等。通过这些活动，不断扩大足球运动的参与面，提高学生的足球兴趣和参与热情。同时，学校还可以聘请足球专家开展讲座，邀请优秀校友进行经验交流，组织学生观看高水平足球赛事，努力打造浓郁的校园足球文化。

（五）完善评价与反馈机制

科学足球训练离不开完善的评价与反馈。教师要建立科学的学生评价标准，综合考察学生的足球技能、身体素质、道德品质等各方面表现，全面客观地评价学生的发展状况。评价过程中，要注重过程性评价和终结性评价相结合，重视学生的进步和努力。同时，教师要善于倾听学生的意见反馈，虚心接受学生的合理化建议，不断优化和完善训练方案，切实提高训练实效。

综上所述，在新时代教育改革的背景下，构建科学的足球训练理念，对于促进学生身心健康发展，推动校园足球运动的普及和提高，具有十分重要的意义。科学的足球训练理念应立足学生，注重兴趣，强调全面发展，追求趣味性与科学性的统一。在实践中，学校要转变观念，加大投入，创新训练模式，建设高素质师资队伍，营造良好的足球氛围，完善评价反馈机制，不断提升足球训练的科学化水平。

第二节　组合训练模式

随着现代足球运动的飞速发展，对运动员综合能力的要求日益提高。传统的单一化、分割式的训练模式已难以适应新形势下足球人才培养的需要。组合训练模式作为一种全新的训练理念和方法，正受到世界各国足球界的高度关注。本节在梳理组合训练模式基本内涵的基础上，分析其在足球运动训练中的应用背景和实践路径，以期为我国足球后备人才的培养提供有益启示。

一、组合训练模式的理论基础

组合训练模式并非凭空而来，其产生和发展有着深厚的理论渊源。早在 20 世纪 50 年代就提出一种了"综合发展"的训练思想，强调在体育训练中要注重各项身体素质的协调发展。这一思想为组合训练理论的形成奠定了基础。此后，随着运动生理学、心理学、生物力学等学科的进步，体育界对人体机能、运动技能形成规律等有了更为科学的认识，组合训练理论日臻完善。

组合训练理论的核心，在于强调运动员的体能、技术、战术等诸要素之间的有机结合与交互作用。具体而言：一是体能是技战术发挥的基础，只有具备良好的速度、力量、耐力、灵敏等素质，才能在复杂多变的比赛中完成各种技战术动作；二是精湛的技术是体能转化为运动成绩的桥梁，只有掌握娴熟的带球、传球、射门等技能，才能充分利用自身的体能优势；三是高超的战术是调动和配置体能、技术的法宝，只有谙熟战术意图、站位跑动，个人才能与集体实现默契配合，体能、技术优势才能得以淋漓尽致地发挥。可见，体能、技术、战术三者不是简单的机械叠加，而是相辅相成、相互促进的统一整体。

进入 21 世纪以来，组合训练理论更加关注人的身心整体，关注人与环境的交互作用。组合训练不仅要兼顾体能、技术、战术，还要重视心理素质、智力因素的培养，强调情境创设和主客体互动在训练中的价值。这使得组合训练理论更加丰满和成熟，为足球训练革新提供了重要的理论支撑。

二、组合训练模式的应用背景

纵观世界足球发展历程，组合训练模式并非始于今日。20 世纪 70 年代，荷兰"全攻全守"的全面足球理念风靡一时，强调每名球员都要具备攻、防、接应等多方面能力，这实际上就蕴含着组合训练的思想。此后，德国的"团队足球"、意大利的"区域防守"、西班牙的"tiki-taka"等流派的兴起，无不体现出技术与战术结合，前、中、后场联动的特点，组合训练理念得以进一步彰显。

近年来，随着足球运动的职业化、商业化进程加快，竞争日趋激烈，世界主要足球强国更加重视组合训练在青少年球员培养中的应用。德国足协在 2000 年提出了"团队足球"的青训理念，强调要通过小组对抗、多点接应等训练内容，培养小球员的"全能化"素质；西班牙的拉玛西亚青训体系更是将技战术结合、比赛化训练贯穿于 9～18 岁各年龄段，这为西班牙国家队和俱乐部培养了大批优秀苗子，创造了辉煌的成绩。

反观我国，虽然足球运动有着广泛的群众基础，但由于受传统"三级论"训练思想的影响，青少年足球训练长期存在"基础不牢、能力不全"的问题。一些教练员在训练中过于强调单项技术或体能训练，忽视了技战术综合演练，使得运动员上场后不能适应实战节奏和对抗强度；还有一些教练员盲目追求"成绩至上"，不注重运动员的长远发展，这既影响了后备人才的可持续培养，也制约了我国足球竞技水平的整体提升。

三、在我国足球训练中推广组合训练模式的必要性

当前，我国正处于足球改革发展的关键时期。2015 年，国家出台了《中国足球改革发展总体方案》，将发展足球运动上升为国家战略，并着力从"夯实基础、提高竞技水平、繁荣足球产业"三个方面推进改革。在此背景下，大力推广组合训练模式，对于提速我国足球后备人才培养、打牢足球振兴的基石具有重要意义。

从足球运动的发展规律看，组合训练顺应现代足球"全能化"的发展趋势。如今，世界足坛对运动员的要求已不再局限于单一的速度、力量或技术，而是更加强调综合素质与应变能力。这就需要我们在训练中突破"单兵作战"的桎梏，让运动员在模拟比赛的环境中学会观察、判断、决策，提升技战术综合运用能力。组合训练恰好契合了这一要求，通过在训练中设置"游戏情境"，可以有效提高运动员的视野、意识和创造力，为其赛场表现奠定坚实基础。

从人才成长的内在规律看，组合训练有利于促进运动员的全面发展。体育运动的价值不仅在于增强体质，更在于塑造人格、启迪心智。组合训练注重挖掘人的潜能，通过富于变化的训练内容和形

式，激发运动员的兴趣和斗志，培养其吃苦耐劳、顽强拼搏的意志品质。同时，在团队协作中，运动员能够学会沟通、互助，增强责任感和集体荣誉感。这对其健全人格、适应社会具有十分重要的意义。

从足球后备人才培养的实际需求看，组合训练是提升训练水平的有效途径。当前，制约我国青少年足球发展的突出问题在于训练模式单一、训练水平参差不齐。许多基层教练缺乏系统的训练理念，难以对小球员的个性特征、优势劣势进行科学评估，更缺乏形成配套训练方案的能力。组合训练模式为破解这一难题提供了思路和抓手。通过构建体能、技术、战术综合发展的训练体系，可以最大限度地发掘和培养每一名运动员的特长，增强训练的针对性和实效性，从而加速足球后备人才的成长。

四、在我国足球运动训练中合理运用组合训练模式的建议

组合训练作为一种先进的训练理念和方法，在世界足坛已得到广泛认同和应用。但在具体推广实施过程中，还需立足我国国情，探索符合自身实际的路径和办法。

（一）转变观念，树立"以人为本"的训练理念

组合训练的宗旨在于促进人的全面发展，这就要求教练员摒弃"唯分数、唯名次"的功利思想，把培养"全面型"人才作为训练的出发点和落脚点。要以发展的眼光看待每一名运动员，根据其年龄特点、个性差异，因材施教，量身定制训练计划，让每个人的潜能都能得到充分发掘和培养。

（二）优化内容，构建体能、技术、战术综合发展的训练体系

组合训练要求打通体能、技术、战术各环节，形成优化组合、互相促进的联动机制。在制订训练计划时，教练员要统筹考虑速度、力量、耐力等体能要素在足球运动中的作用，合理安排每个阶段的训练侧重点；在技术训练中，要根据不同位置的技术特点，设计富于针对性的训练项目，并适度渗透战术意识；在战术训练中，要通过人数不等的分组对抗、多点攻防转换等实战模拟，提高队员的战术意识和临场应变能力。同时，还要重视心理辅导和思想教育，增强队员的自信心和责任感。唯有打好基础、多管齐下，才能真正实现训练目标。

（三）完善机制，营造互帮互学、共同提高的良好氛围

组合训练讲求团队协作，个人与集体的关系处理得如何，直接影响训练效果。为此，教练员要注重培养队员的合作意识和默契程度。可以在训练中设置"小组竞赛"等互动环节，调动队员的积极性；在日常管理中，要开展形式多样的集体活动，增进队员间的了解和友谊，提升团队的向心力和战斗力。与此同时，还要重视对教练员自身能力的培养，完善培训和考核机制，切实提高基层教练员的业务水平；可以搭建教练员交流平台，定期开展教学研讨，互通有无，取长补短，形成"比学赶超"的良性竞争局面。

（四）借鉴经验，加强国际交流与合作

"它山之石，可以攻玉。"当前，世界主要足球强国在组合训练方面积累了丰富的经验，这是我们学习和借鉴的宝贵财富。一方面，要加强与国际足联、欧足联等权威机构的联系，及时了解和吸收国外先进的训练理论和方法；另一方面，要创造条件派遣优秀教练员、队员到国外深造，零距离感受世界一流的青训理念和模式，

开阔视野、更新观念。同时，还要积极引进国外优秀教练来华执教，为国内同行传经送宝，帮助提升我国足球训练的整体水平。

综上所述，在足球改革的背景下，组合训练模式顺应现代足球发展潮流，对于提速我国足球后备人才培养、推动足球运动可持续发展具有重要意义。推广实施组合训练，要立足我国国情，围绕人才培养规律，在转变观念、优化内容、完善机制、借鉴经验等方面下功夫，构建一套符合自身实际、行之有效的中国式组合训练体系。

第三节　基于竞赛的训练模式

体育强则中国强，体育兴则国运兴。近年来，我国高度重视体育事业发展，将全民健身上升为国家战略，推动体育事业取得历史性成就。作为世界第一运动的足球，在促进青少年身心健康、培养爱国主义情怀等方面有着独特作用。然而，长期以来，我国青少年足球发展水平与世界强国存在明显差距，其中训练理念落后、竞赛体系不健全是重要原因之一。在推进足球振兴的历史机遇期，如何革新训练模式、完善竞赛体系、提速后备人才培养，值得我们深入探讨。本节从足球竞赛体系构建切入，剖析当前存在的突出问题，进而提出基于足球竞赛优化足球训练模式的思路和对策，以期为我国青少年足球发展提供一些新的视角和启示。

一、我国青少年足球竞赛体系建设的意义

竞赛是体育运动的生命，是检验运动队伍建设成效的试金石。一个成熟完备、富有活力的竞赛体系，能够持续激发运动员的进取心，推动技战术水平的迭代升级，是整个运动项目良性发展的重要基石。这一规律同样适用于青少年足球后备人才培养。一方面，竞赛为青少年球员提供了展示才华、锤炼技艺、积累经验的舞台。在竞争与合作中，他们能够更好地认识自我、挑战自我、超越自我，

在对抗和博弈中磨砺意志品质，在成功与挫折中收获成长与进步。另一方面，竞赛为教练员科学选才、精准施教、查缺补漏提供了可资借鉴的参照系。通过竞赛数据的采集和分析，教练员可以准确把握每名球员的特点和不足，因材施教、有的放矢地调整训练计划，并根据不同阶段的竞赛目标，动态优化技战术打法，最大限度地发挥团队战斗力。

纵观世界足球发展史，德国、西班牙、法国等传统强国无不是竞赛体系最为健全、最具活力的国家。以德国为例，从各州业余俱乐部组织的小学生联赛，到精英球员的区域联赛，再到德国足协统一管理的 U 系列梯队比赛，层层递进、优中选优，源源不断地为国家队输送优质运动员。反观我国，虽然近年来校园足球蓬勃开展，但受场地器材、师资力量等条件制约，普及面与竞技水平参差不齐，校际联赛的含金量亟待提升。职业俱乐部办学尚处于起步阶段，国字号梯队建设也有待完善，金字塔形竞赛选拔机制仍不成熟。可以说，完善青少年足球竞赛体系，是强筋壮骨、打牢基础的当务之急，更是扩大人才基数、打通成才通道、形成可持续发展的必由之路。

二、我国青少年足球竞赛体系存在的突出问题

通过梳理分析，我国青少年足球竞赛体系目前主要存在以下问题。

（一）顶层设计滞后，缺乏系统性、整体性规划

尽管近年来各级政府和足球主管部门围绕校园、社会、梯队三大板块开展了一系列卓有成效的工作，但总体而言，在竞赛体系的系统构建上还缺乏整体规划和统筹协调。校园足球、青训体系、职业联赛等环节间缺乏畅通的人才输送渠道，各自为政、信息孤岛现象突出。竞赛规则、技术标准、裁判员选派等缺乏统一规范和标准，影响了竞赛的公平公正和权威性。青少年组、业余组、职业预

备队联赛发展不平衡，难以实现良性互动和有序衔接。

（二）竞赛形式单一，激励机制不健全

目前，我国青少年足球竞赛形式较为单一，以淘汰赛、循环赛为主，缺乏趣味性和吸引力。主客场制、小组循环、主题杯赛等丰富多样的赛制较少采用。同时，竞赛奖励主要集中在比赛名次和个人技术方面，而对于体育道德风尚、拼搏进取精神等无形资产的奖掖力度不够。在教练员的绩效考核中，也往往偏重短期战绩，忽视了青少年身心全面发展和长远培养目标。在这种单一化的评价体系下，部分教练员和球员难免会急于求成，采取急功近利的手段，背离了青训的初心使命。

（三）青训资源不足，区域发展不平衡

受制于经济基础、基础设施等因素，我国青少年足球竞赛资源总量不足，区域间发展严重失衡。在经济欠发达地区，尤其是广大农村，组织高水平足球比赛面临场地器材短缺、经费保障不力、师资力量匮乏等诸多掣肘。而在北京、上海等一线城市，优质青训资源高度集中，但也面临"垄断"和同质化竞争的困扰。青少年联赛与当地经济社会发展水平脱节，难以形成因地制宜、错位发展的格局，无法充分调动地方政府和社会各界的积极性。

（四）商业开发滞后，可持续发展动力不足

综观欧洲足球发达国家，青少年竞赛体系与足球产业实现了良性互动，成为联赛的重要商业价值来源。赞助商冠名、版权转播、衍生品开发、球星推广等，使青少年赛事成为名利双收的"金字招牌"。反观国内，绝大部分青少年赛事仍属于纯公益性质，社会资本参与度不高，市场化运营严重滞后。可以说，单纯依靠政府投入和体彩公益金，难以从根本上破解竞赛体系发展的资金瓶颈，也无法调动社会资本参与青训投入的积极性，从而影

响了竞赛体系的可持续发展。

三、构建科学高效的青少年竞赛体系的思路和对策

针对前述问题，笔者提出以下思路和对策，供各界参考。

（一）加强整体规划，搭建纵向贯通、横向协同的竞赛架构

在党中央、国务院的统一领导下，发挥全国青少年校园足球工作领导小组的牵头抓总作用，加强跨部门统筹协调，制定出台如《中国青少年足球竞赛体系建设规划》等工作方案，从国家战略的高度谋划设计青少年足球竞赛架构。在纵向上，要打通校园、社会、梯队三大板块，理顺 U 系列国字号队伍与俱乐部梯队的衔接机制，构建从地方到全国、从小学到大学、从业余到职业的递进式人才选拔通道。在横向上，要加强教育、体育等部门间的协调联动，推动校园足球与青训体系、竞赛体系与联赛体系的有机融合，发挥政府、学校、社会多方合力，提升竞赛的公信度和权威性。

（二）创新赛事组织，完善科学育人的激励机制

积极借鉴国际足联、欧足联等在青少年竞赛组织方面的经验做法，优化赛制、创新形式，增强竞赛的趣味性和吸引力。在赛制设置上，可结合实际，灵活采用小循环、主客场制、附加赛等方式，让球员在多样化赛制中加速成长。在奖励措施上，在关注比赛成绩的同时，要更加突出育人导向，将球员、教练员的道德品质、文化学习、社会责任等内容纳入评价体系，促进竞赛与教育的高度融合，引导广大青少年形成"快乐足球、健康成长"的价值取向，促进身心全面发展。

（三）整合校社资源，构建区域协调发展的格局

充分发挥各级政府在统筹规划、政策引导、资源整合等方面的

关键作用，因地制宜制定青少年足球竞赛发展规划，明确不同区域的功能定位和发展重点。支持青少年足球基础较好的地区发挥示范引领作用，带动周边地区协同发展。统筹中小学、大学、职业俱乐部等各类场地设施资源，完善布局结构、提升利用效率。鼓励学校与当地足协、体育局密切配合，积极争取社会力量支持，在场地、器材、师资等方面形成优势互补、资源共享的良好局面。实施"县培养、市输送、省集训、国家选拔"的梯次培养机制，打造区域内互助共进、错位发展的青竞新格局。

（四）深化产教融合，破解可持续发展的资源瓶颈

积极搭建政府、企业、学校三方合作平台，探索"体教结合""产教融合"的青竞发展新路径。鼓励有实力的企业冠名赞助青少年联赛，支持职业俱乐部、社会组织承办或参与青少年赛事，拓宽赛事筹资渠道。支持发展青少年足球培训机构，完善服务标准和监管办法，更好发挥其在竞赛组织中的作用。创新政府购买服务机制，通过项目招标、公私合营等方式引入市场化运营理念，提高资金使用效率。加强青竞赛事的品牌化、IP 化经营，在确保公益性的前提下，积极开拓媒体转播、球星经纪、衍生品开发等商业增值空间，为竞赛体系注入市场活力和发展动力。

（五）加强科技赋能，提升精细化管理水平

主动顺应新一轮科技革命和产业变革趋势，以大数据、云计算、人工智能等现代信息技术为支撑，加快青少年足球竞赛管理的智慧化、精细化升级。建立全国统一的青竞数据信息管理平台，实现赛事组织、成绩查询、信息发布的"一站式"服务。加强对各级各类赛事数据的采集、分析和利用，及时发现优秀苗子，科学指导训练。运用可穿戴设备、智能移动端等收集和分析青少年身体机能、生理心理等数据，建立动态更新的青少年球员档案，为精准施教、科学选才提供有力依据。鼓励研发专门服务于不同年龄段青少

年的足球智能教具，开发 VR、AR 等新型训练辅助工具，提高青少年训练科学化水平。

（六）注重文化引领，营造良好成长环境

竞技体育的背后，是价值观念、行为规范等深层次文化意蕴。青少年竞赛绝不能简单以胜负论英雄，而应成为弘扬体育道德、培育社会主义核心价值观的生动课堂。要将体育精神、道德品质教育贯穿于日常训练和赛事活动全过程。开展形式多样的"踢好足球、做好少年"主题教育，引导青少年牢固树立爱国主义情感，自觉践行社会主义核心价值观。充分利用各类媒体平台，宣传先进典型、弘扬正能量，在全社会形成关心、支持青少年足球事业发展的浓厚氛围。同时，要积极发挥家庭、学校、社区等方面的协同育人功能，加强家校社联动，形成全员、全过程、全方位育人的合力，为广大青少年成长成才营造良好环境。

纵观世界足球发展史，德国、西班牙等足球强国无不是竞赛体系最为完善、青训机制最为成熟的国家。建设科学高效的青少年足球竞赛体系，是夯实足球振兴根基、厚植人才优势的战略抉择，对于激发广大青少年的足球热情、培养足球后备力量、推动我国由足球大国向足球强国迈进具有重大意义。在推进足球改革发展的背景下，构建科学高效的青少年竞赛体系，要坚持问题导向和目标导向，统筹发展和安全两件大事，以时不我待的紧迫感、舍我其谁的责任感，加快补齐短板、破解瓶颈，在体制机制创新、资源整合利用、科技赋能增效等方面持续用力。

第五章　足球系统训练研究

　　足球训练的系统性研究是提高运动员综合能力的重要途径。具体来说，足球运动员需要在体能、心理和智能这三个基本方面进行强化训练，以确保他们能够在比赛中充分发挥技战术能力，最终取得优异的成绩。

第一节　体能系统训练

　　体能训练是首要环节，它不仅包括跑动和对抗的能力，还涉及新陈代谢、神经系统、心血管系统、运动系统以及呼吸系统的全面发展。

一、足球运动员的体能特征

　　足球是一项高度综合性的运动项目，对运动员的体能和身体素质有着全面而严格的要求。优秀的足球运动员不仅要具备优异的技战术水平，更需要有强健的体魄和出色的身体机能作为基础保障。

（一）足球运动员的体能特征

1. 新陈代谢特征

　　足球运动员的新陈代谢水平显著高于常人。由于长期高强度的专业训练，他们的物质代谢和能量代谢都处于较为活跃的状态。特别是处于青春发育期的学生运动员，身体机能更是处于一个快速发展和完善的阶段。合理利用这一特点，科学安排训练，能够有效增强运动员体质，提高其运动能力。

2. 神经系统特征

足球运动员的神经系统发育较早，功能也更加完善。通过针对性的训练，他们的大脑皮质兴奋和抑制过程逐渐趋于平衡，反应灵敏度和应变能力大大提高，在处理复杂的场上形势时更加得心应手。同时，他们的第二信号系统也获得了长足发展，抽象思维和分析推理能力显著增强。

3. 心血管系统特征

心血管系统是人体新陈代谢的"运输系统"，其功能的强弱直接影响个体的运动表现。足球运动员经过系统训练后，心脏收缩力增强，血输出量提高，心率相对较慢但更有力，整个心血管系统的机能明显优于常人。这使他们能够适应大运动量的需求，在激烈对抗中保持旺盛的体能。

4. 运动系统特征

足球运动员的骨骼更加坚实，关节灵活性更强，肌肉线条分明。在足球训练中，他们的骨密度不断增加，有机物含量提高，骨骼承受压力的能力获得提升；关节囊韧带的力量和伸展性也明显改善，关节活动范围更大；肌纤维数量增多，肌肉横截面积加大，收缩力量显著提高。

5. 呼吸系统特征

足球项目对个体的呼吸功能有较高要求。通过长期训练，运动员的肺活量明显增大，呼吸肌力量显著提高，呼吸频率趋于平缓，呼吸深度加大，整个呼吸系统的效率获得全面提升。这为他们在高强度运动中提供了充足的氧气供给，延迟了疲劳的产生。

（二）足球运动员的身体素质要求

1. 力量素质

足球比赛需要运动员具备良好的力量素质，既包括持续性的耐力型力量，也包括爆发性的瞬时力量。因此，在力量训练中，要全面提高红、白肌纤维的质量，并特别重视白肌纤维爆发力的培养。同时，要加强肌肉的协调性和用力的专项针对性，使之在实战中发挥最佳效能。

2. 速度素质

速度是现代足球的核心竞技力，对运动员的速度素质要求极高。反应速度、位移速度、动作速度缺一不可，且需要在比赛环境下得以充分施展。提高速度素质，既要加强无氧供能系统的训练，更要在专项练习中培养神经肌肉的快速动员和协调能力。

3. 耐力素质

足球是一项典型的间歇性、高强度、长时间运动，耐力素质是运动员的立身之本。有氧耐力是无氧耐力的基础，两者缺一不可。提高有氧耐力主要通过提高最大摄氧量来实现，训练重点是增强心肌收缩能力。无氧耐力的提高则要从强化无氧代谢能力、乳酸清除能力等方面着手。

4. 柔韧素质

柔韧素质关乎足球运动员的协调性和伤病韧性。优秀的柔韧素质有助于完成大幅度、高难度的技术动作，也可以最大限度地规避运动损伤。提高柔韧素质，要从改善关节活动范围、增强肌肉韧带伸展性等方面入手，并与力量、速度训练有机结合。

5. 灵敏素质

灵敏是足球运动员的立身之本。优秀的灵敏素质源于中枢神经的高度灵活性、敏锐的洞察力、快速的反应速度，以及全面发展的身体综合素质。只有在发展其他素质的同时，并通过丰富多样的专项练习，才能全面提高运动员的灵敏素质。

总之，足球项目对运动员体能水平的要求高、标准严，涉及的身体机能多、牵扯的身体素质广。这就需要在训练中从运动员生理机能特点出发，有的放矢，多管齐下，在提高单项素质的同时，更注重身体综合素质的培养，使运动员的竞技实力获得持续、稳定的提高。

二、足球运动员力量素质训练

足球是一项高度竞技性和对抗性极强的运动项目，对运动员的力量素质提出了很高要求。无论是在争抢、对抗、跑动还是跳跃等环节，优秀的力量素质都是取得竞争优势的关键。因此，在足球训练中，力量素质训练必须引起高度重视。

（一）足球一般力量素质训练

一般力量素质是专项力量素质的基础，对提高足球运动员的综合竞技能力具有重要意义。常见的一般力量素质训练方法包括：

（1）徒手下蹲跳：锻炼下肢爆发力和弹跳力。

（2）伸髋：加强髋部力量，改善下肢摆动能力。

（3）斜板屈膝仰卧起坐：强化腰腹肌肉群，提高身体稳定性。

（4）伸背练习：发展背部肌肉力量，预防运动损伤。

（5）窄握下压：锻炼上肢和胸部肌肉，提高传球稳定性。

（6）宽握引体向上：强化上肢和背阔肌，为奋力争顶奠定基础。

（7）垫高小腿仰卧起坐：提高腰腹部耐力和爆发力。

在开展一般力量训练时，需要把握以下要点：

（1）与专项力量训练相结合，全面发展的同时突出重点。

（2）循序渐进，通过超负荷刺激促进力量提高。

（3）合理把握训练频率和间歇时间，一般每周2～3次，间隔1～2天。

（4）重视肌肉放松，在训练中穿插放松练习，训练后及时恢复。

（二）足球专项力量素质训练

专项力量训练是在足球运动的专项动力结构基础上，有针对性地提高特定肌肉群力量的训练。可分为各部位力量训练和综合力量训练两类。

1. 各部位力量素质训练方法

（1）腿部力量素质训练

作为"第一发动机"，腿部力量对足球运动员至关重要。可采用单腿/双腿跳、多球连续顶球、助跑跳远、小腿负重踢球、杠铃深蹲等方法，从多角度强化髋、膝、踝等关节肌肉群的力量和爆发力。

（2）腰腹力量素质训练

腰腹是发力的核心，也是维持身体平衡的关键。可通过仰卧起坐、俯卧撑收腿、悬垂举腿、跳起转体、抓举杠铃等方法，提高腰腹部力量，为各种旋转、倾斜、蹬伸等动作提供有力支撑。

（3）颈部、上肢和肩背力量素质训练

颈部、上肢力量在顶球、传球、遮挡等动作中至关重要。推荐采用俯卧撑、双杠臂屈伸、掷实心球、颈桥推举、两人合作推小车等方法进行强化。手、腕、肘等小肌肉群也不可忽视。

（4）全身力量素质训练

足球比赛需要全身肌肉群的协调配合。蹲跳顶球、倒地快速起身、抢夺球、挺举、合理冲撞等练习，能很好地提高全身综合力量素质，使个体在激烈对抗中获得优势。

2. 综合力量素质训练方法

（1）对抗力量练习

在日常训练中模拟比赛，通过争顶、冲撞、紧逼等对抗动作来提高力量，使力量训练更加贴近实战。

（2）非对抗类力量练习

利用球操、颠球、踢球等各种练习手段，在发展技战术的同时提高力量素质，做到两不误。

（3）负重练习

利用沙袋、负重背心等装备增加运动负荷，以超负荷的刺激促进肌肉力量的快速提高。

总之，力量训练要本着"全面发展、突出重点、循序渐进、讲究方法"的原则，将一般力量训练和专项力量训练紧密结合，将力量训练渗透到技战术训练之中。同时，要充分考虑足球运动的特点，模拟比赛环境和动力需求，最大限度地提高力量训练的针对性和实效性。

三、足球运动员速度素质训练

速度是现代足球运动的灵魂，是制胜的法宝。在足球比赛中，无论是快速突破、积极反抢，还是及时补位、紧急救险，优秀的速度素质都是不可或缺的。一名优秀的足球运动员，必须在速度素质方面具有突出的表现。

（一）足球一般速度素质训练

一般速度素质是专项速度素质的基础，对提高运动员的速度潜力和上限具有重要意义。常见的一般速度训练方法包括如下各项：

（1）不同起跑姿势的短距离起跑训练，如蹲踞、侧身、俯卧、原地跳跃等，目的是提高反应速度和起动速度。

（2）在运动状态下的突然起动练习，如在慢跑、颠球、传球等过程中快速起动，以改善速度与技术的结合。

（3）全速运球、变向运球、变速运球等综合性训练，将速度培养融入足球专项技术之中。

（4）60～100米的全速跑、加速跑等，以提高直线速度为主，为后续专项速度训练奠定基础。

（5）模拟比赛情境的速度训练，如追球射门、快速传接配合等，增强训练的针对性和实战性。

（6）提高动作速度的训练，包括限时完成动作、小场地多人传抢等，促进快速动力定型。

（7）各种专项辅助性速度训练，如小步跑、高抬腿、牵引跑等，帮助突破速度瓶颈。

（8）结合快速跑的灵敏反应训练，如变向、急停、翻滚等，全面提升速度素质。

在开展一般速度训练时，需把握如下要点：

（1）选择运动员状态最佳的时机进行，确保训练效果。

（2）严格控制每次练习的时间（<10s）和组间休息，避免乳酸过度堆积。

（3）尽量模拟比赛实际，如结合不同跑动距离和时间分配进行训练。

（4）加强速度与力量、柔韧素质的结合训练，三者相辅相成，不可偏废。

（5）重视训练前的放松和拉伸，为爆发创造肌肉环境，提高速度训练效率。

（二）足球专项速度素质训练

专项速度训练是在足球运动的专项技战术结构基础上，有针对性地提高速度的训练。可分为常规速度训练和综合速度训练两大类。

1. 常规速度训练方法

常规速度训练主要包括：

（1）位移速度训练：通过各种跑步练习，提高直线速度和步频。

（2）反应速度训练：采用不同起始姿势的起动练习，缩短反应时间。

（3）动作速度训练：利用特定环境和辅助手段，提高动作频率和灵敏度。

2. 综合速度训练方法

综合速度训练则更加贴近足球比赛实际，主要方法有：

（1）将速度训练与运球、传接球等技术结合，突出专项针对性。

（2）采用与比赛相似的跑动距离如 60～100 米，并适当穿插变向或绕障碍。

（3）在各种比赛常见姿态下练习快速起动，如颠球、传球、倒地等。

（4）设置"速度陷阱"，如在 20 米内布置不同间隔和方向的标志物，以培养快速变向能力。

（5）强调在限定时间内完成战术配合，如"一传一射"等，培养快速的战术意识和执行力。

总之，速度训练要做到"全面发展、重点突出、以足球为本、以实战为王"。在注重基础素质的同时，更要关注速度与足球技战术的结合，用速度武装技战术，用技战术体现速度，做到二者水乳交融、相得益彰。

四、足球运动员耐力素质训练

足球比赛时间长，强度大，不仅需要足球运动员具备出色的速度、力量等身体素质，更需要他们具有顽强的耐力作为保障。只有拥有超强的耐力，运动员才能在 90 分钟的高强度比赛中始终保持旺盛的体能和精力，为技战术的充分发挥奠定基础。

（一）足球一般耐力素质训练

一般耐力训练旨在提升运动员的整体耐力水平，为专项耐力训练打下坚实基础。其核心是提高机体的摄氧、输氧和用氧能力，增强关节、韧带、肌肉等组织的耐久力。常见的一般耐力训练方法可分为肌肉耐力训练和有氧耐力训练两大类。

1. 肌肉耐力训练方法

肌肉耐力训练与力量训练在形式上相似，但运动强度相对较小，持续时间较长，重复次数较多。主要方法包括：

（1）仰卧起坐：一组 50 次，快起慢落，连贯进行。可结合抬腿、收腹等动作。

（2）悬垂举腿：在单杠、双杠或吊环上，将双腿举至与躯干夹角小于 $100°$，每次静止 1～2 分钟。

（3）俯卧撑：一组 30 次，4～6 组，身体保持伸直。可结合左右移动等变化。

（4）连续跑操：半蹲姿势连续向前跑进 50～70 米，放松走回。

（5）负重练习：肩负杠铃杆在沙地行走，做原地蹲跳等。

（6）沙滩跑：在沙滩上做 500～1000 米的快慢交替跑。

（7）水中支撑：在浅水池中做高抬腿、后蹬跑等支撑练习。

2. 有氧耐力训练方法

有氧耐力训练强调全身性耐力的提高，运动强度一般在中等偏下，时间较长。主要包括：

（1）定时走、跑：在 30 分钟内完成特定距离的走或跑。

（2）重复跑：在田径场按照特定距离和次数进行，如 4～5 组 800 米。

（3）变速跑：在不同距离段落上交替慢跑和快跑，如 200 米慢跑＋400 米快跑。

（4）法特莱克跑：在公园、树林等进行 30 分钟以上的自由变速跑。

（5）越野跑：在山地、草地等非标准场地进行长距离跑，一般在 4000 米以上。

（6）登山：在山脚下听令起跑，按特定或自由路线冲刺登顶，中间可穿插游戏或比赛。

（7）水中有氧：在泳池进行快走、慢跑、不间断游泳等练习。

（8）跳绳：原地或移动间做 3 分钟以上连续跳绳，达到心率 140～150 次/分。

3. 足球耐力素质训练注意事项

在开展一般耐力训练时需要注意：

（1）循序渐进，科学安排训练负荷，避免过度疲劳和运动损伤。

（2）严格掌握有氧和无氧耐力的临界值，进行针对性训练。

（3）加强运动中的鼻呼吸能力，最大限度地满足机体耗氧需求。

（4）合理运用游戏和竞赛手段，在兴趣的驱动下提高训练效果。

（二）足球专项耐力素质训练

专项耐力训练是在足球运动的专项技战术结构基础上进行的耐力训练，对提高运动员的实战能力具有直接意义。根据代谢类型，可分为有氧耐力训练和无氧耐力训练。

1. 有氧耐力训练方法

（1）12 分钟跑：在规定时间内跑完尽可能长的距离。

（2）定距跑：如 3000 米、5000 米等，重在提高运动员的整体耐力。

（3）变速跑：100～200 米加速跑与 400～800 米慢跑相结合，模拟比赛节奏。

（4）分组对抗：在半场或全场进行人数不等的攻防练习，强调跑动和传控。

2. 无氧耐力训练方法

（1）折返跑：5～25 米距离，高强度反复冲刺，中间穿插极限力量动作。

（2）组合练习：快跑、跳跃、力量、射门等动作连贯进行，强调无氧耐力。

（3）传抢球：小场地多人数，在规定时间内连续进行高强度攻防转换。

（4）追逐游戏：模拟比赛中的追逐抢断，强化无球跑动能力。

（5）争球射门：两人抢教练发球，球权快速转换，连续进行射门。

在专项耐力训练中需要把握如下原则：

（1）在一般耐力的基础上，提高专项速度耐力，做到超强度、超负荷。

（2）体能训练与技战术密切结合，将耐力融入实战环境中。

（3）合理把握有氧和无氧耐力的比重，根据不同位置需求有所侧重。

（4）强化心理耐力训练，培养顽强拼搏、永不言弃的比赛作风。

总之，耐力作为足球运动员的核心竞技能力，其训练需要从一般到专项，从基础到实战，进行长期、系统的科学安排。在重视有氧耐力训练的同时，还要加强无氧耐力的针对性训练，使两者达到最佳的配比，形成持久稳定的耐力结构。

五、足球运动员灵敏和柔韧素质训练

灵敏和柔韧是足球运动员必备的基础素质。灵敏可以帮助运动员迅速改变身体位置和运动方向，摆脱对手，掌控场上节奏；而柔韧则关乎技术动作的舒展性和到位性，以及运动损伤的预防。因此，在足球训练中，教练员需要高度重视对运动员灵敏度和柔韧性的培养。

（一）足球运动员的灵敏素质训练

1. 足球一般灵敏素质训练

常见的一般灵敏训练方法有：

（1）听信号的各种起跑练习，培养反应能力。

（2）按口令做相反或相同动作，提高动作的灵活性。

（3）跑动中听信号做出相应动作如转身、突停等，加强身体控制。

（4）做失去平衡练习，如推、拉、搡等，锻炼身体协调性。

（5）模拟动作练习，如滚翻、跳跃、转体等，发展身体的灵敏性。

足球灵敏素质训练注意事项：

（1）避免在运动员疲劳状态下进行，每组练习间要有充足休息。

（2）与其他素质训练有机结合，使灵敏训练更加针对性。

（3）设计内容时要富于趣味性和竞争性，能充分调动其积极性。

（4）动作要多样化，尽可能模拟比赛实际，增强实战针对性。

2. 足球专项灵敏素质训练

专项灵敏训练要紧扣足球技战术特点，主要包括：

（1）各种颠球练习，如身体不同部位颠球，增强身体灵活性。

（2）绕杆或障碍物带球练习，提高灵敏性和控球能力。

（3）踢反弹球练习，加强身体协调性和反应速度。

（4）突然起动、变向、急停等练习，发展足球特有灵敏性。

（5）利用跳绳、绕障等手段，进行综合性灵敏训练。

（6）设置2～3人的小组对抗，进行虚晃、变向等实战演练。

（二）足球运动员柔韧素质训练

1. 足球一般柔韧素质训练

柔韧训练要全面，针对关节和肌肉群展开，具体方法包括：

（1）腿部：压腿、踢腿、劈腿等，发展下肢关节灵活性。

（2）手指手腕：握拳、屈伸、翻腕等，提高手部柔韧性。

（3）腰腹部：体前屈、甩腰、后桥等，加强核心区柔韧性。

（4）肩关节：压肩、拉肩、转肩、吊肩等，增强上肢柔韧性。

（5）胸部：胸贴墙压、虎伸腰等，发展胸廓伸展能力。

柔韧训练时需把握以下原则：

（1）安排在准备活动后或基本部分前，循序渐进提高强度。

（2）注重力量与柔韧的平衡，防止肌肉过度松弛。

（3）抓住敏感期，与专项技术结合，巩固提高。

（4）处理好拉伸力量、次数、时间的关系，循序渐进。

2. 足球专项柔韧素质训练

足球运动需要突出下肢和核心区的柔韧训练，主要方法有：

（1）膝、踝关节练习：小腿前后踢、内外摆等，模拟踢球动作。

（2）腰腹部练习：压腿、下腰、背伸等，发展核心柔韧。

（3）足部练习：脚背压、足尖足跟走等，加强足部柔韧性。

（4）结合球练习：大幅度踢、铲、倒钩等，强调动作伸展。

（5）模仿练习：足内外翻、扣球等，提高足部控球柔韧。

总之，灵敏柔韧作为足球运动的重要基础，其训练要全面系统、持之以恒。一方面要遵循体能训练的基本规律，做到循序渐进，因材施教；另一方面又要突出足球运动的专项特点，强化其在技战术中的运用，使其真正成为提升竞技能力的有力保障。只有科学制订训练计划，创新训练手段，并在实践中不断总结完善，才能最终培养出一支灵活敏捷、柔韧有力的高水平足球队伍，在激烈的赛场角逐中笑到最后。

第二节　智能系统训练

一、智能的概述

足球运动员在赛场上的表现不仅依赖于他们的体能和技术，还需要高度的足球运动智能。这种智能是指运动员能够识别和理解比赛中的各种动态情况，并运用自己的知识和经验来解决问题的能力。足球运动智能包括对比赛局势的全面分析，预测对手的战术意图，并迅速做出有效的决策。良好的足球运动智能能使运动员在比赛中做出准确的判断，推动比赛朝着有利于己方的方向发展。

在现代竞技体育中，尤其是足球，比赛的专业化程度不断提高。运动员不仅需要具备出色的身体素质和技术能力，还需要高水平的智能才能适应复杂多变的比赛环境。智能水平不仅影响球员的个人表现，还对整个团队的战术执行和比赛结果有着深远的影响。因此，在足球训练中，智能训练成为不可或缺的一部分。通过系统的智能训练，运动员能够提高对比赛的理解和判断能力，从而在实际比赛中表现得更加出色。

智能训练的方式多种多样，包括战术模拟、比赛录像分析、心理训练等。这些训练方法旨在帮助运动员提高认知能力，增强应变能力，使他们在比赛中能更快更准地做出反应。此外，智能训练还可以帮助运动员提高专注力和心理素质，在高压环境下保持冷静和理智。

二、一般智能训练

运动员在足球运动中智能的发展，必须建立在全面的智能基础之上。这些基础智能包括观察力、记忆力、注意力、思维能力、想象力和创造力等方面。

（一）观察力训练

观察力是所有智能训练的起点。在足球比赛中，场上局势瞬息万变，运动员需要时刻保持高度的观察力，才能迅速捕捉比赛中的关键信息。这种能力不仅能帮助运动员理解对手的战术和意图，还能及时调整自己的位置和策略，做出最有效的反应。因此，在平时的训练中，教练需要特别注重培养运动员的观察力。

为了有效提高运动员的观察能力，训练中可以采用多种方法。首先，教练可以设置特定的观察任务，明确任务的目标和重点，让运动员在训练或模拟比赛中进行专门的观察练习。这些任务可以涉及对球场局势的整体把握，也可以是对某个球员动作细节的捕捉。这种系统化的训练，可以使运动员养成良好的观察习惯，逐步提升自身的观察能力。

其次，教练员还可以设计一些模拟比赛场景，创造特定的比赛情境，让运动员在这种情境下进行观察训练。这种方法不仅能提高他们的观察力，还能增强他们在实际比赛中的应变能力和决策速度。此外，教练还可以使用视频分析工具，让运动员回顾和分析比赛录像，从中总结出有效的观察方法和策略。

最后，在训练结束后，运动员应进行总结和反思，回顾在观察训练中的表现，找出不足之处，并制订改进计划。通过不断的总结和改进，运动员的观察能力将得到持续提升，为他们在比赛中的出色表现打下坚实的基础。

（二）记忆力训练

在足球运动员的智能训练中，记忆力训练占据着非常重要的地位。记忆力不仅能帮助运动员记住比赛规则和战术，还能在比赛中快速回忆起对手的特点和过往比赛的经验。人的记忆力可以分为逻辑记忆、情绪记忆、形象记忆和运动记忆等多种类型。无论是哪一种记忆，都经历了从感知记忆到短时记忆，再到长时记忆的过程。

足球运动员的记忆力训练可以通过多种方法进行，以确保他们能够在比赛中迅速、准确地调用必要的信息。一种有效的方法是经常给运动员布置记忆任务。例如，在训练或比赛后，要求运动员记住并复述一场比赛中对手的技战术特点和具体比赛情境。这种方法不仅能帮助运动员加深对比赛细节的理解，还能将感知记忆有效转化为短时和长时记忆。

具体来说，记忆任务可以包括以下步骤：首先，在比赛或训练中，教练可以让运动员集中注意力观察和记住特定的信息，如对手的跑位、传球方式和战术安排；其次，在比赛或训练结束后，立即进行复述和总结，将这些信息从感知记忆转化为短时记忆；最后，通过反复回忆和练习，将短时记忆进一步转化为长时记忆，使运动员能够在未来的比赛中迅速调用这些信息。

此外，利用视频分析工具也是提高记忆力的一种有效方法。通过观看比赛录像，运动员可以重复观看并分析比赛中的关键情节，从而加深记忆。在此过程中，教练可以引导运动员注意细节，并提出问题让运动员回答，以确保他们真正理解并记住了这些信息。

心理学研究表明，记忆与情绪有密切关系。情绪记忆在比赛中尤为重要，因为强烈的情感体验往往能增强记忆的持久性。因此，在训练中，教练可以通过制造模拟比赛的紧张氛围，增强运动员的情绪体验，从而提高他们的记忆效果。

（三）思维能力训练

思维能力是足球运动员智力素质的核心，因此在日常训练中加强运动员的思维能力训练是至关重要的。人的思维主要分为逻辑思维、形象思维和灵感思维三种方式，每一种思维方式都对运动员的运动智能有重要影响。为了有效培养和提高足球运动员的思维能力，可以采取以下措施：

（1）加强运动员对体育理论知识的学习，帮助他们充分认识现象与本质之间的联系。这不仅能提高运动员的逻辑思维能力，还能增强他们对比赛中复杂情况的理解和分析能力。通过系统学习战术理论和比赛规则，运动员能够更好地掌握足球比赛的内在规律，从而在实际比赛中做出更准确的判断和决策。

（2）采取积极手段和措施培养足球运动员的直觉能力。直觉在比赛中尤为重要，因为很多情况下，运动员需要在瞬间做出反应，这时依赖的更多是直觉而非深思熟虑的分析。通过模拟比赛场景、快速反应训练等方式，可以增强运动员的直觉反应能力，使他们在比赛中能更快速地做出正确的反应。

（3）在运动训练中，时刻启发运动员的灵感，鼓励他们的奇思妙想。灵感思维是创造性思维的重要组成部分，对于足球运动员来说，灵感能够带来意想不到的战术创新和比赛突破。教练可以通过开放性问题、创意游戏等方式激发运动员的灵感，鼓励他们提出新的战术思路和比赛方案。

（4）创设类似比赛的情境，加强足球运动员的思维速度训练。要求运动员在规定的时间内完成预先设定的思维任务，帮助他们养成良好的思维习惯。这种训练不仅能提高运动员在高压环境下的思维速度和准确性，还能增强他们的决策能力和应变能力。通过频繁的模拟比赛训练，运动员可以更好地适应真实比赛中的紧张氛围，从而在比赛中表现得更加出色。

三、运动智能训练

加强运动员的运动智能培养与训练，需要从多个方面入手，其中传授体育理论与运动训练知识、提高技能水平和促进智能开发是关键途径。知识的掌握、运动技能的提高和智能的开发三者之间关系紧密，必须相互结合才能有效提升运动员的整体素质。

（一）通过基础知识传授发展运动智能

（1）通过基础知识的传授来发展运动智能是非常重要的一步。

在足球运动员的日常训练中,注重足球理论知识与运动训练知识的传授是必不可少的。通过系统的理论学习,运动员可以掌握运动训练的规律与方法,从而从基础上促进其思维能力的发展。这种知识技能的正向迁移能帮助运动员更好地理解和应用训练中的各项要求,提高其综合能力。

(2)充分利用现代多媒体技术,可以帮助足球运动员在学习过程中更好地运用比较、综合、判断和推理等思维形式来解决运动训练中的问题。多媒体技术能够提供丰富的视觉和听觉刺激,增强学习效果。例如,通过视频分析工具,运动员可以观看和分析比赛录像,比较不同战术的效果,进行综合判断和推理,从而提高他们的思维能力。

(3)在足球训练中,将理论与实践充分结合起来,是培养运动员运用知识指导实际操作能力的有效方法。理论学习是基础,但只有通过实际操作,才能真正掌握和运用这些知识。在训练中,教练员应安排大量的实战演练,模拟真实比赛情境,让运动员在实践中检验和应用所学的理论知识。这不仅能增强运动员的实际操作能力,还能提高他们在比赛中的应变和决策能力。

(二)通过专项理论知识传授发展运动智能

(1)在运动训练中,应运用生物力学知识深入分析足球的重点和复杂技术。这种分析可以帮助运动员更好地理解动作的力学原理,从而优化技术动作,减少受伤风险。例如,研究射门时腿部肌肉的发力顺序和角度,有助于提高射门的力量和准确性。通过这种深入的技术分析,运动员不仅能够提升自己的技术水平,还能培养观察力和思维能力,理解动作背后的科学原理。

(2)通过学习足球比赛规则和裁判方法,运动员可以更好地理解比赛的运行机制和裁判的判罚标准。这种知识的掌握不仅有助于在比赛中避免不必要的犯规,还能帮助运动员在比赛中更加灵活地运用规则。例如,了解越位规则的细节,运动员可以在比赛中更加巧妙地利用战术，避免越位陷阱，提高比赛中的战术运用能力。此外，熟悉规则还能提高运动员的思维能力，使他们在比赛中能够迅速做出符合规则的决策。

（3）传授运动员关于训练计划、自我监控等方面的知识，有助于提高他们的自我保健能力。训练计划方面，运动员需要了解如何制订科学的训练计划，合理安排训练强度和恢复时间，以避免过度训练导致的身体损伤。自我监控方面，运动员应学会通过自身感觉和客观指标（如心率、疲劳感等）来调整训练强度，确保训练效果和身体健康。此外，自我保健知识的掌握，还包括营养、心理调节等方面，全面提高运动员的身体素质和心理素质。

（三）通过运动训练实践发展运动智能

通过运动训练实践来发展运动智能是提高足球运动员整体素质的重要途径。具体来说，可以通过以下方面来实现：

（1）在具体的足球训练过程中，引导运动员积极思考运动素质、技术、战术中的相关问题，提出解决问题的方法。这种方式不仅能帮助运动员理解训练内容，还能培养他们独立解决问题的能力。例如，在训练中遇到传球不准确的问题，教练可以引导运动员分析可能的原因，如脚部摆动角度不正确或力量控制不足，然后鼓励他们提出改进方法。这种训练方法能使运动员在面对复杂情况时更加自信和自立，提高他们的思维能力和解决问题的能力。

（2）鼓励足球运动员参与运动训练计划的制订过程，讨论运动训练计划的科学性和完善性，以及是否符合具体的训练实际。通过这种方式，运动员可以更深入地理解训练目标和方法，从而提高他们的参与感和责任感。例如，在制订训练计划时，教练员可以组织运动员一起讨论训练内容和时间安排，让他们提出自己的意见和建议。这不仅能提高运动员的思维能力，还能让他们更加投入和积极地参与训练，提高训练效果。

（3）在足球运动训练期间，通过模拟比赛实战训练的形式，来强化足球运动员理论知识的应用程度。模拟比赛能让运动员在接近真实比赛的环境中运用所学的理论知识，进行实际操作。例如，通过模拟比赛场景，运动员可以练习各种战术，如防守反击、阵地战等，理解这些战术在不同情况下的应用。这种实战训练不仅能提高运动员的实际操作能力，还能增强他们的应变能力和决策能力。

四、足球多元智能训练

运动员需要利用多方面的智能，只有将这些智能整合起来，才能充分激发运动潜能，提高训练水平和比赛成绩。多元智能理论强调每个人在不同领域拥有不同的智能优势，因此针对这些优势进行个性化的训练策略是提升运动员表现的有效方法。

首先，分析和考虑运动员的不同优势智能，针对性地选择训练模式与策略，是多元智能训练的核心。每个运动员都有其特定的强项，有些人可能在空间智能方面表现突出，能够迅速理解球场布局和队友位置；而有些人则在身体运动智能方面占优势，能准确控制身体动作。教练员在制订训练计划时，应根据每位运动员的智能优势，设计相应的训练内容。例如，对于空间智能强的运动员，可以多安排战术训练，增强其对场上形势的判断能力；而对于身体运动智能强的运动员，则可以加强技术和体能训练，提升其动作的精确性和爆发力。

其次，多元智能训练促进了教练员与运动员之间的合作与沟通。传统的足球训练模式往往是教练安排训练内容，运动员被动接受。这种单向的训练模式忽视了运动员的个性和自主性。而多元智能训练强调教练员和运动员的互动，鼓励运动员参与训练计划的制订，提出自己的意见和建议。通过这种互动，教练员可以更好地了解每位运动员的需求和特点，设计出更加个性化和有效的训练计划。同时，运动员在参与训练计划的过程中，也能增强自主性和责任感，提高训练积极性和效果。

此外，多元智能训练有助于培养运动员的自信心和个性。每位运动员都有独特的智能组合，通过多元智能训练，运动员可以在训练中展现自己的优势，获得成就感和自信心。例如，一个在语言智能方面突出的运动员，可以在团队讨论和战术交流中发挥重要作用；而一个在内省智能方面突出的运动员，则可以通过自我反思和总结，不断提升自己的技术水平和比赛策略。在训练过程中，教练员应积极引导运动员展现自我个性，鼓励他们在训练中发挥自己的特长，这不仅能提升他们的自信心，还能促进团队的整体进步。

最后，多元智能训练打破了传统的训练模式，促使足球训练更加多样化和个性化。传统的训练方法往往千篇一律，缺乏针对性和灵活性。而多元智能训练根据运动员的不同特点，采用多种训练方法，如游戏化训练、模拟实战、心理训练等，既能提高训练效果，又能保持运动员的训练兴趣和积极性。

第三节　心理系统训练

足球运动是一项具有高度竞技性和对抗性极强的运动项目，对运动员的身体素质和技战术能力提出了很高要求，同时也对其心理素质有着更高的要求。一名出色的足球运动员，不仅需要过硬的身体条件和精湛的技战术，更需要顽强的意志品质、稳定的情绪状态和敏锐的洞察力等心理素质作为支撑。因此，心理训练已经成为现代足球训练体系中不可或缺的重要组成部分。

一、足球运动心理训练概述

（一）足球运动员心理训练的原则与要求

1. 心理训练的原则

（1）自觉积极原则：培养运动员主动参与的积极性，调动其自我分析、调控能力。

（2）全面系统原则：心理训练要与体能、技术、战术训练紧密结合，不可偏废。

（3）区别对待原则：根据运动员个体差异，进行有针对性的心理训练和指导。

（4）循序渐进原则：合理把控训练强度，避免急于求成，防止产生畏难情绪。

（5）持之以恒原则：心理训练是一个长期过程，需要运动员和教练员共同坚持。

（6）长短结合原则：既要立足当前比赛，也要着眼运动员长远的心理发展。

2. 心理训练的要求

（1）体能结合：在体能训练中渗透顽强拼搏、永不言弃的意志品质培养。

（2）技术结合：在技术训练中融入自信心、注意力等心理要素的训练。

（3）战术结合：战术训练要重视思维能力、临场应变等心理素质的提高。

（二）足球心理训练的内容

1. 专项知觉训练

（1）球感训练：通过触球练习，提高运动员对球的时空感知和控制能力。

（2）时空感训练：在技战术训练中，强化对球场时空变化的洞察与判断。

2. 情绪稳定训练

（1）赛前调节：避免过度兴奋或紧张，引导运动员进入最佳备战状态。

（2）赛中调控：保持情绪稳定，克服急躁，防止大起大落，专注当下。

（3）赛后反思：总结得失，调整心态，为下一场比赛做好心理准备。

3. 意志品质训练

（1）克服困难：设置逆境情景，锻炼运动员的顽强意志和自我激励能力。

（2）坚持不懈：长期艰苦训练，培养运动员吃苦耐劳、永不放弃的品质。

（3）自我约束：严格要求自己，恪守纪律，提高自控力和执行力。

4. 自信心培养

（1）树立信心：肯定运动员的优势特长，增强其对胜利的信心和渴望。

（2）鼓励表扬：及时对运动员的进步给予认可，提升其自我效能感。

（3）示范激励：展示榜样力量，坚定运动员奋发向上、超越自我的决心。

5. 注意力训练

（1）集中注意：引导运动员将注意力高度集中到比赛的关键因素之上。

（2）分配注意：训练运动员的注意力在自身、队友、对手等之间的合理分配。

（3）转移注意：面对干扰时，迅速将注意力转移到新的目标之上。

6. 领导者的心理

（1）教练员领导：提高教练员的决策力、判断力、控制力，树立权威形象。

（2）队长角色：培养队长的凝聚力、感染力、号召力，发挥领袖作用。

（3）团队意识：营造积极向上的团队氛围，增强队员的归属感、责任感。

（三）足球运动员心理训练的主要方法

1. 模拟训练法

（1）实景模拟：设置逼真的比赛场景、规则、对手，进行实战演练。

（2）语言图像：利用语言描述、战术板等，在头脑中预演比赛情境。

（3）突发事件：模拟误判、受伤等意外，提高心理应变能力。

2. 表象训练

（1）动作想象：在头脑中清晰、生动地回放动作细节，巩固动力定型。

（2）成功回忆：回想成功经历，激发积极情绪，增强信心。

（3）目标想象：想象达成目标的美好情景，提升动机，坚定信念。

3. 暗示训练

（1）自我暗示：运用积极的自我对话，消除消极情绪，鼓舞士气。

（2）他人暗示：教练员、队友、亲友等给予积极暗示，激励上进。

（3）环境暗示：利用口号、标语、音乐等，营造昂扬向上的氛围。

4. 合理情绪训练

（1）找出诱因：分析异常情绪的原因，寻找解决问题的突破口。

（2）修正认知：摒弃非理性信念，建立积极合理的认知和态度。

（3）转变情绪：以积极乐观的情绪和行为，应对困难和挫折。

5. 目标设置法

（1）总体目标：制定符合实际、适度挑战的中长期奋斗目标。

（2）阶段目标：分解总目标，明确各阶段的努力方向和任务重点。

（3）及时反馈：根据实际情况，灵活调整目标，保持持续进步。

6. 放松训练法

（1）调节呼吸：深沉、缓慢、有节奏地呼吸，使身心逐步放松。

（2）肌肉放松：从局部到整体，有意识地放松各个肌肉群。

（3）音乐放松：聆听舒缓的音乐，缓解紧张，促进身心愉悦。

二、足球运动员的心理调节

优秀的足球运动员必须具备强大的心理调节能力，能够在赛前做好充分的心理准备，在赛中保持良好的心理状态，在赛后及时进行心理恢复。

（一）赛前心理调节方法

1. 针对性训练，消除心理障碍

赛前运动员常会出现过度兴奋或过于冷漠等不良心理状态，具体表现为焦虑、抑郁、虚假自信、怕输等，这些都是心理障碍的典型症状。针对不同障碍，可采取有针对性的训练：

（1）自我放松训练：通过肌肉放松、深呼吸等，缓解紧张

焦虑。

（2）注意力集中训练：通过意念集中、思维导入等，提高注意力。

（3）自我控制训练：通过自我暗示、行为矫正等，增强自控能力。

反复进行针对性训练，有助于提高运动员克服心理障碍、建立自信的能力。

2. 开展模拟训练，做好心理准备

赛前做好充分的心理准备，是调节心态的重要环节。可通过以下方面开展：

（1）一般准备：全面了解己方和对手情况，明确参赛目标和意义。

（2）模拟训练：在近似比赛的环境中模拟训练，提高心理适应能力。

（3）心理调节：通过自我暗示、放松训练等，缓解紧张，振奋情绪。

反复进行模拟训练，能帮助运动员熟悉比赛流程，适应比赛气氛，做好充分的心理准备，在真实比赛中从容应对。

3. 多种手段相结合进行心理调节

赛前调节心理状态，须综合运用多种手段方法：

（1）自我调节：通过呼吸放松、肌肉放松等，缓解紧张。

（2）积极暗示：在头脑中想象成功场景，增强自信心。

（3）活动调节：通过准备活动调节兴奋水平，做好比赛准备。

（4）转移注意：适当转移注意力，放松心情，避免过度紧张。

因材施教，灵活调配，将各种调节方法有机结合，能最大限度地调动运动员的积极性，使其以最佳的心理状态投入比赛。

（二）赛中心理控制的方法

1. 呼吸调节法缓解紧张情绪

比赛中运动员的情绪起伏较大，很容易出现过度紧张、急躁等，导致呼吸急促。此时可通过深沉、缓慢、有节奏的腹式呼吸，配合肌肉放松，快速缓解紧张情绪，恢复平静。

2. 自我暗示法稳定情绪

当比赛出现失误、对方得分等不利情况时，运动员容易情绪波动。此时要及时给自己积极的心理暗示，如"稳住，慢慢来""我一定能行"等，消除消极情绪，重塑自信心，稳定军心。

3. 思维控制法集中注意力

比赛瞬息万变，各种干扰因素较多，运动员很容易出现注意力不集中的情况。要学会主动控制自己的思维，排除外界干扰，全神贯注于比赛，专注于每一个细节，提高判断和决策的准确性。

4. 情绪宣泄法释放压力

压力过大时，适度宣泄有助于释放压力。可通过喊口号、击掌、跺脚等方式，宣泄紧张焦虑的情绪，调整心态，恢复冷静和自信，重新投入比赛。

5. 榜样激励法鼓舞斗志

教练员要充分发挥自身的榜样作用，用自信、镇定的言行给予运动员力量。用目光交流、手势暗示等非语言信息传递给运动员积极的能量，激发他们的斗志和信心。

6. 语言指导法及时调整

中场休息或暂停时，教练员要根据赛场形势，及时给予运动员针对性的语言指导，或严肃或幽默，对症下药，及时调整运动员的心理状态，使其迅速进入最佳状态投入下半场比赛。

（三）赛后心理恢复的方法

1. 积极疏导，解除消极情绪

无论胜负，赛后都要及时开展心理疏导，帮助运动员走出情绪低谷。引导他们正确认识胜负，客观分析原因，吸取教训，调整心态，积极面对未来。常用方法有：

（1）转移注意力：转移到其他有意义的活动中，分散压力。

（2）放松训练：通过呼吸放松、肌肉放松等，缓解心理压力。

（3）认知重构：引导正确认识胜负，调整非理性认知。

2. 赛后自我形象的修整

比赛后教练员要给予运动员恰如其分的评价和表扬，帮助他们修复受损的自我形象。引导他们正视自我，肯定优点，直面不足，重建自信，树立积极、健康、真实的自我形象，为新的征程做好心理准备。常用方法有：

（1）想象训练：在头脑中想象理想的自我形象，加深自我认同感。

（2）角色扮演：通过扮演自信、乐观的角色，内化积极形象。

（3）自我肯定：学会欣赏自己，肯定优点，接纳不足。

三、足球运动员心理问题及其矫正

足球运动员在训练和比赛过程中，常会遇到各种心理问题，如训练厌倦、挫折心理、猜疑心理、嫉妒心理、自卑心理等。这些问题如果得不到及时有效的矫正，将会严重影响运动员的身心健康和竞技水平，甚至可能导致其运动生涯的终结。因此，教练员和俱乐部必须高度重视运动员的心理健康，采取针对性的措施，帮助其走出心理误区，保持积极乐观的心态。

（一）训练厌倦及其矫正

训练厌倦是指运动员对训练产生抵触、厌恶情绪，表现为不想参加训练，训练时注意力不集中，训练效果不佳等。针对这一问题，可采取以下矫正措施：

1. 激发训练动机

教练员要用成功案例激励运动员，增强其责任感和荣誉感，使其意识到训练的重要性，主动投入训练。同时要创设良好的训练氛围，提供适度的期望和支持，让运动员体验到训练的快乐。

2. 明确奋斗目标

教练员要引导运动员树立符合实际的阶段性目标，制订循序渐进的训练计划。当运动员完成一个阶段目标后，及时给予肯定和鼓励，增强其自信心和成就感，坚定追求更高目标的信念。

（二）挫折心理及其矫正

运动员在成长过程中不可避免地会遇到各种挫折，如竞赛失利、伤病困扰、人际冲突等。如果处理不当，容易产生悲观失望、意志消沉等负面情绪。对此，要高度重视挫折教育。

1. 加强人生观教育

引导运动员正确认识人生的多面性，学会辩证看待成功与失败。通过开展讲座、案例分析等，帮助其掌握应对挫折的方法，提高心理承受力。

2. 创设挫折情境

利用军训、拓展等形式，让运动员在可控环境中体验克服困难的过程。通过反复锻炼，使其掌握正确对待挫折的态度和方法，从而增强抗挫折能力。

3. 提供心理咨询

建立完善的心理咨询机制，为运动员提供专业的心理疏导服务。通过倾听、疏导、理性分析，帮助其宣泄负面情绪，重拾信心，走出心理低谷。

（三）猜疑心理及矫正

猜疑心理是指运动员对他人的言行产生过度的揣测和怀疑，认为他人别有用心，从而导致人际关系紧张。这种心理常源于早期负面的成长经历。矫正措施有以下三种：

1. 避免"敌对心理"

提醒运动员要客观理性看待他人的言行，不要将一切对立起来。要学会多角度思考问题，站在他人立场设身处地。

2. 学会尊重他人

引导运动员摒弃自我为中心的狭隘思维，学会平等尊重每一个人。用真诚、友善的态度对待他人，久而久之，就能赢得他人的信任。

3. 主动沟通交流

鼓励运动员主动与队友、教练沟通，建立融洽的同事关系。在相互帮助中增进了解，化解矛盾，消除猜忌。

（四）嫉妒心理及矫正

嫉妒心理是指运动员见他人在某方面优于自己时，产生不平、怨恨等负面情绪。轻则影响自身情绪，重则危及团队氛围。应对之策为以下三种：

1. 认识嫉妒危害

引导运动员深刻认识嫉妒心理的危害性，它不仅影响自身心理健康和竞技发挥，还会破坏团队凝聚力。

2. 全面认识自我

帮助运动员客观评价自身优缺点，在扬长避短中找准自身定位。要学会欣赏他人，从他人身上汲取营养，以平和、包容的心态对待差异。

3. 开阔心胸视野

鼓励运动员多参与集体活动，在体验团队协作的过程中，学会融入集体，淡化狭隘的自我意识，从而减少嫉妒心理的滋生。

（五）自卑心理及矫正

自卑心理多源于运动员对自身能力的怀疑，对他人评价的在意。长期处于自卑状态，容易丧失信心，缺乏进取心。化解良方有以下三种：

1. 树立自信心

引导运动员客观认识自我，抛开他人评价的束缚，以平和的心态接纳真实的自己。多回顾自己的成长历程，感悟每一点进步，从而增强自信心。

2. 合理自我评价

教育运动员要建立合理的自我评价体系，不盲从外界标准，要以自我进步为尺度，只与过去的自己比较，而不是总拿自己的短处与他人的长处比较。

3. 善于利用优势

引导运动员充分发掘自身的兴趣特长，并创造条件去施展才华。在不断获得成就感的过程中，逐步走出自卑，重拾自信。

综上所述，运动员的心理问题表现多样，成因复杂，绝非一朝一夕可以解决。作为教练员，要充分发挥自身的引领作用，用爱心、耐心和智慧去感化、开导、帮助运动员。同时，俱乐部也要营造开明、包容的环境氛围，为运动员的身心健康发展提供坚实保障。只有教练员、俱乐部、运动员三方共同努力，形成合力，才能最终帮助运动员走出心理误区，成为一名心理健康的职业运动员。

第六章　足球教学与训练实践应用创新研究

第一节　足球教学实践应用创新研究

一、数字化时代下新媒体技术在足球教育中的创新应用

在当今数字化浪潮席卷全球的背景下，信息技术与传统产业的深度融合正在重塑各个领域的发展格局。"互联网＋"这一概念的提出，标志着我国正式将数字化转型上升为国家战略。这一战略不是简单地将互联网与传统行业叠加，而是通过信息通信技术和互联网平台，催生出新的发展生态。在这一大背景下，教育领域也在经历着前所未有的变革，尤其是体育教育，正面临着巨大的机遇与挑战。

新媒体技术的兴起，特别是自媒体平台的普及，为信息的传播和获取开辟了新的渠道。这种去中心化的信息传播方式，使得每个人都有可能成为内容的创造者和传播者。相较于传统媒体高昂的运营成本和有限的信息覆盖范围，新媒体平台以其低成本、高效率的特点，正在逐步改变人们获取信息的方式和习惯。在体育教育领域，尤其是足球教学中，新媒体技术的应用正在开启一场静默的革命。

（一）新媒体教育——足球教学的创新路径

新媒体教育可定义为普通大众通过数字科技与全球知识体系连接，分享真实观点和个人经历的途径。这一定义突出了新媒体的个人化、互动性和即时性特征。

在足球教学领域，新媒体技术的应用主要体现在以下方面。

1. 信息传播的多元化

通过微信公众平台、短视频平台等渠道，教师可以将足球技术要领、战术分析等内容以图文、音视频等多种形式呈现给学生。这种多元化的信息传播方式，能够满足不同学习风格学生的需求。

2. 学习过程的碎片化

新媒体平台允许学生在碎片时间内进行学习。例如，学生可以利用课间休息时间，通过手机快速浏览教师发布的足球技术动作分解视频，这种学习方式能极大地提高学习效率。

3. 互动交流的即时性

新媒体平台为师生之间、学生之间提供了即时交流的渠道。学生可以在观看教学视频后立即提出疑问，教师也可以及时给予反馈，这种即时互动大大提高了教学效果。

4. 资源共享的便捷性

新媒体平台使得优质教学资源的共享变得更加便捷。教师可以将自己的教学经验、教学资料上传至平台，供其他教师和学生学习参考，促进教育资源的优化配置。

（二）新媒体在足球教学中的特性分析

1. 内容制作成本低廉

新媒体平台，如微信公众号、抖音等，为教育工作者提供了低成本的内容制作和传播渠道。教师可以利用智能手机拍摄足球技术动作视频，通过简单的剪辑和配音，就能制作出高质量的教学内容。这种低成本的内容制作方式，使得教师能够根据教学需求，灵活调整教学内容，提高教学的针对性和有效性。

2. 信息传递直观高效

传统足球教学中，学生主要依赖教师的现场示范和口头讲解来学习技术动作。这种教学方式存在一定局限性，如学生注意力难以长时间集中，动作记忆不够直观等。而通过新媒体平台，教师可以将复杂的足球技术动作分解为多个步骤，以慢动作、多角度的方式呈现，学生可以反复观看，直到完全掌握。这种直观、高效的信息传递方式，大大提高了学生的学习效率。

3. 反馈机制及时有效

新媒体平台的互动性为足球教学提供了及时、有效的反馈机制。学生可以通过平台留言、私信等方式，随时向教师提出疑问或反馈学习情况。教师也可以通过平台发布的内容浏览量、点赞数等数据，了解学生的学习情况和兴趣点，从而及时调整教学策略。这种双向互动的反馈机制，使得教学过程更加灵活，教学效果更加显著。

（三）新媒体在足球教学中的具体应用

1. 构建专业的足球教学新媒体平台

构建专业的足球教学新媒体平台是应用新媒体技术的基础。以微信公众平台为例，教师可以通过以下步骤创建专业的足球教学平台：

（1）注册认证：使用有效的微信号和邮箱进行注册和认证。

（2）设置基本信息：填写公众号名称、简介等基本信息，突出足球教学特色。

（3）功能配置：设置自定义菜单，如"技术教学""战术分析""体能训练"等栏目，方便学生快速查找所需内容。

（4）内容规划：制订长期的内容发布计划，确保平台内容的持续更新和质量把控。

2. 制作高质量的足球教学内容

高质量的教学内容是吸引学生关注和使用平台的关键。在内容制作过程中，教师应注意以下方面：

（1）内容多元化：涵盖足球技术、战术、规则、体能等多个方面，满足不同层次学生的学习需求。

（2）形式多样化：综合运用文字、图片、音频、视频等多种形式，增强内容的可读性和吸引力。

（3）专业性与趣味性并重：在保证内容专业性的同时，适当融入趣味元素，提高学生的学习兴趣。

（4）强调互动性：设计互动环节，如在线问答、技术动作模仿挑战等，增强学生的参与感。

3. 结合足球活动，提高学生参与度

新媒体平台不仅是知识传播的渠道，还可以成为组织和宣传足球活动的有效工具。教师可以通过以下方式提高学生的参与度：

（1）活动预热：利用平台发布活动预告，激发学生兴趣。

（2）实时报道：在足球比赛或训练营等活动中，进行实时图文直播，增强学生的参与感。

（3）互动环节：设置最佳球员评选、战术猜想等互动环节，鼓励学生积极参与。

（4）总结反思：活动结束后，发布总结文章，分享活动亮点和经验教训，引导学生进行反思。

4. 建立科学的教学评价机制

为了评估新媒体在足球教学中的应用效果，需要建立科学的评价机制。这一机制应包括以下方面：

（1）平台数据分析：定期分析平台的关注人数、内容浏览量、互动次数等数据，了解平台的影响力和学生的参与度。

（2）学生反馈收集：通过问卷调查、在线反馈等方式，收集学生对新媒体教学的意见和建议。

（3）学习效果评估：结合线下实践课程，评估学生的技术掌握程度和战术理解能力，验证新媒体教学的有效性。

（4）持续优化：根据评价结果，不断优化平台内容和功能，提

高教学质量。

总之，在数字化时代背景下，新媒体技术为足球教学开辟了广阔的创新空间。通过构建专业的教学平台，制作高质量的教学内容，结合实际足球活动，并建立科学的评价机制，新媒体技术能够有效提升足球教学的质量和效率。然而，我们也应该认识到，新媒体技术只是教学的辅助工具，其最终目的是服务于教学本身。因此，在应用新媒体技术时，教师应始终以学生为中心，注重内容的专业性和创新性，将传统教学方法与新媒体技术有机结合，实现教学方式的创新和教学效果的提升。

二、创新足球教学：游戏化方法的深度探索与应用

足球运动作为一项具有悠久历史和广泛群众基础的世界性竞技体育项目，在当代体育教育中扮演着举足轻重的角色。随着我国体育事业的蓬勃发展，传统的足球教学模式已经难以满足新时代对足球教育的要求。在这样的背景下，将游戏元素融入足球教学中，不仅能有效激发学生的学习兴趣，还能全面提升学生的身体素质和运动能力。通过深入探讨足球游戏在足球教学中的应用策略，可为创新足球教学方法提供新的思路和实践指导。

（一）足球游戏在教学中的理论基础

1. 游戏化学习理论

游戏化学习理论认为，通过将游戏元素和机制融入教学过程，可以显著提高学习者的参与度和学习效果。这一理论强调学习应该是一个充满乐趣和挑战的过程，而非单调乏味的知识灌输。在足球教学中应用游戏化学习理论，可以使学生在轻松愉悦的氛围中掌握复杂的技术动作和战术思维。

2. 多元智能理论

霍华德·加德纳提出的多元智能理论指出，人类的智能是多方

面的，包括语言智能、逻辑—数学智能、空间智能、音乐智能、身体—运动智能等。足球游戏的应用可以同时调动学生的多种智能，特别是身体—运动智能和空间智能，从而实现全面发展。

3. 情境学习理论

情境学习理论强调学习应该发生在真实或模拟的情境中。足球游戏为学生创造了接近实战的学习环境，使他们能够在类似比赛的情境中学习和应用足球技能，从而提高学习的转化率。

（二）足球游戏在教学中的应用价值

1. 激发学习兴趣，提高参与度

足球游戏以其趣味性和多样性，能够有效激发学生的学习热情。通过设计富有挑战性且有趣的游戏，可以调动学生的参与积极性，使他们主动投入足球学习。例如，设计一个"足球障碍赛"游戏，学生需要在规定时间内完成运球、传球、射门等一系列动作，这不仅能锻炼综合技能，还能激发学生的竞争意识和参与热情。

2. 实现针对性教学，提升技能水平

足球游戏可以根据教学目标和学生水平进行灵活设计，实现针对性教学。例如，为提高学生的传球准确性，可以设计一个"传球靶心"游戏，学生需要将球传到不同距离、不同大小的圆圈中，根据命中情况计分。这种游戏不仅能提高传球技能，还能培养学生的空间感知能力。

3. 培养团队精神和规则意识

足球是一项团队运动，通过设计需要团队合作的足球游戏，可以有效培养学生的团队精神。同时，每个游戏都有其特定规则，学生在参与过程中自然而然地培养了遵守规则的意识。例如，可以设计一个"盲人足球"游戏，每个队伍中一半的队员被蒙上眼睛，另一半负责指挥，这不仅锻炼了团队沟通能力，还培养了互相信任和

遵守规则的意识。

（三）足球游戏的类型与设计策略

1. 热身类游戏

热身类游戏旨在提高学生的身体素质和准备状态，为主要训练做好准备。设计策略包括：

（1）循序渐进。从低强度逐步过渡到高强度活动。

（2）全面性。涵盖跑、跳、转身等多种动作，全面激活身体各部位。

（3）趣味性。融入竞争元素，提高参与热情。

示例游戏——"热身接力赛"：将学生分成几组，每组排成一列；第一个学生需要完成一系列动作（如高抬腿跑、侧向移动、后退跑等）到达指定位置后返回，拍手与下一个队员交接。这个游戏不仅能全面热身，还能培养团队精神。

2. 技术类游戏

技术类游戏旨在提高学生的基本技术水平，包括传球、运球、射门等。设计策略包括：

（1）重复性。确保学生有足够的重复练习机会。

（2）渐进性。从简单到复杂，逐步提高难度。

（3）竞争性。引入计时或计分元素，增加练习的紧迫感和挑战性。

示例游戏——"精准射手"：在球门上悬挂不同大小、不同分值的靶子；学生从不同位置射门，根据命中靶子的分值计算总分。这个游戏不仅能提高射门技术，还能增强学生的心理素质。

3. 战术类游戏

战术类游戏旨在提高学生的战术意识和执行能力。设计策略包括：

（1）模拟性。尽可能模拟实战情况。

（2）灵活性。设置多变的场景，培养学生的临场应变能力。

（3）分析性。游戏后进行复盘，引导学生思考战术运用。

示例游戏——"战术沙盘"：使用磁性战术板，让学生模拟不同的比赛情况并制订战术；然后在实际场地上演练这些战术，最后进行效果评估和讨论。这种游戏能够将抽象的战术概念具象化，提高学生的战术理解和执行能力。

（四）足球游戏在教学中的具体应用策略

1. 课前准备阶段的游戏应用

在课前准备阶段，教师可以设计一些简单而有趣的游戏来调动学生的积极性，同时达到热身的效果。例如，"传球接力"游戏：将学生分成几组，每组排成一列；第一名学生持球，通过不同的传球方式（如地滚球、胸部停球后传球等）将球传给下一名学生，最后一名学生接到球后需要运球到指定位置射门。这个游戏不仅能够热身，还能复习多种传球技巧。

2. 技术教学阶段的游戏应用

在技术教学阶段，教师可以设计针对性的游戏来强化特定技术的练习。例如，"移动靶心"游戏：在场地上设置多个大小不同的圆圈作为传球目标；学生两人一组，一人在场地内移动，另一人尝试将球传到移动中的同伴脚下。这个游戏能够同时训练传球者的精准度和接球者的跑位意识。

3. 战术训练中的游戏应用

在战术训练中，可以设计一些模拟实战的小游戏来提高学生的战术意识。例如，"数字足球"游戏：将学生分成两队，每名队员分配一个数字；教师喊出几个数字，这些数字对应的队员需要立即上场进行小型比赛。这个游戏可以训练学生快速形成战术配合的能力，同时提高他们的临场应变能力。

4. 综合能力培养的游戏应用

一些综合性的游戏可以全面提升学生的足球能力。例如，"足球三项全能"游戏：设置三个关卡——运球绕杆、长传准确性、射门；学生需要依次完成这三个项目，综合考验他们的各项技能；可以计时或计分，增加游戏的竞争性。

（五）实施足球游戏教学的注意事项

1. 安全第一

在设计和实施足球游戏时，始终将学生的安全放在首位。确保场地安全，避免设计过于激烈的对抗性游戏，并在游戏前做好充分的热身。

2. 因材施教

根据学生的年龄、技能水平和身体条件，灵活调整游戏的难度和强度。可以设置不同的难度等级，让不同水平的学生都能参与其中并获得成就感。

3. 及时反馈

在游戏过程中和结束后，及时给予学生反馈。指出他们的优点和需要改进之处，帮助学生更好地理解和掌握相关技能。

4. 融入理论知识

在设计游戏时，可以适当融入足球规则、战术理论等知识点。例如，在游戏中模拟一些常见的犯规情况，让学生判断并解释原因，从而加深对规则的理解。

5. 鼓励创新

鼓励学生参与到游戏的设计中来。可以组织学生设计创新足球游戏的比赛，激发他们的创造力，同时增加其对足球运动的热爱。

总之，足球游戏作为一种创新的教学方法，在激发学习兴趣、提高技能水平、培养团队精神等方面具有显著优势。然而，我们也应该认识到，游戏化教学并非万能的解决方案。它应该与传统的教学方法相结合，在实践中不断优化和完善。

三、五人制足球：革新足球教育的新范式

五人制足球正以其独特的魅力和优势，逐渐成为足球教育领域的一股新兴力量。相较于传统的十一人制足球，五人制足球在趣味性、灵活性和适应性方面展现出明显优势，不仅在专业赛事中崭露头角，更是逐步渗透到学校体育教学体系中。近年来，五人制足球在我国的发展势头迅猛，不仅出现了专门的五人制足球赛事，还逐步进入了学校体育教学的范畴。通过深入探讨五人制足球在足球教学中的应用价值、可行性及具体实施策略，可为创新足球教学方法提供新的思路和实践指导。

（一）五人制足球运动在足球教学中应用的必要性

五人制足球在足球教学中的应用具有多方面的必要性。

首先，它是十一人制足球的重要基础，有助于提高整体足球教学质量。在巴西、西班牙、阿根廷等足球强国，许多优秀球员从儿童时期就开始接触和参与五人制足球。这种训练模式之所以广受欢迎，是因为五人制足球具有组织灵活、规则简明、易于开展等特点。在五人制足球中，参与者不受越位规则的限制，可以更加灵活地跑位，这使得学生的技术运用更加灵活多样。高频率的触球不仅能够提高各种技术的运用频率，还有助于培养学生的创造性思维，为未来参与十一人制足球奠定良好基础。

其次，五人制足球的趣味性更高，有助于培养学生对足球运动的兴趣。其独特的运动规则使得学生在参与过程中有更多的触球次数和射门机会，相应的进球次数也随之增加。这些特点大大提高了足球运动的趣味性，尤其对足球基础较差的学生而言，增加触球次数和射门机会对激发和培养他们的足球兴趣至关重要。通过参与五

人制足球，学生能够更快地体验到足球运动的乐趣，从而培养出持久的兴趣。

最后，五人制足球运动的攻防转换快，有助于学生体能素质的全面发展。相较于十一人制足球，五人制足球的攻防节奏更快，学生在参与过程中几乎全程保持高强度跑动。这种高强度、间歇性的运动模式对学生的体能锻炼非常有帮助，可以有效提升他们的爆发力、耐力和灵敏度。通过参与五人制足球，学生的体能素质在不知不觉中得到显著提升，这对他们的整体身体发展具有积极影响。

（二）五人制足球运动在足球教学中应用的可行性

在可行性方面，五人制足球也展现出明显优势。

首先，它的参与门槛较低，易于普及。不论学生的年龄、身高或体能状况如何，都可以参与五人制足球，享受足球运动的乐趣。这种包容性使得五人制足球能够在校园中广泛推广，让更多学生有机会体验足球的魅力。

其次，五人制足球对场地的要求相对较低，易于开展。它所需的运动场地比较小，不仅可以在现有的十一人制足球场地上进行，还可以利用其他面积较小的体育场地，如篮球场或手球场。这种灵活性大大降低了场地限制，为学校开展五人制足球提供了更多可能性。

最后，五人制足球的安全性较高，易于组织。由于场地较小，学生在参与过程中即使全程高强度运动，也很难形成较大的冲击力。这极大地降低了运动损伤的风险，使得五人制足球在学校中的应用更具优势。教师可以更容易地观察和指导每个学生，确保训练的安全性和有效性。

（三）五人制足球运动在足球教学中应用的具体建议

尽管五人制足球在足球教学中的应用具有明显的必要性和可行性，但在实际推广过程中仍面临一些挑战。为了更好地在校园中推广五人制足球，我们需要采取一系列综合性的策略。

1. 提高认识和加强宣传

我们可以通过开展教育工作，向教育部门和学校管理者详细介绍五人制足球的价值和优势。同时，组织五人制足球展示赛或体验活动，让更多人亲身感受其魅力，这种直观的体验往往比单纯的理论宣讲更有说服力。此外，充分利用校园媒体、社交平台等现代传播渠道，可以更广泛地传播五人制足球的理念和实践。

2. 将五人制足球融入课程体系

我们可以设计专门的五人制足球课程，将其纳入体育课程体系，制订系统的教学计划。同时，也可以在传统的十一人制足球课程中巧妙融入五人制足球的元素，使两种形式相辅相成。对于那些对五人制足球特别感兴趣的学生，开设选修课可以提供更深入学习的机会。这种多层次的课程设置能够满足不同学生的需求，为五人制足球在校园中的普及奠定基础。

3. 组织丰富多彩的校内赛事

我们可以建立定期的校内五人制足球联赛，激发学生的参与热情和竞争意识。举办不同年级间的友谊赛，不仅可以促进交流，还能培养学生的团队精神和学校认同感。结合节日或特殊活动举办主题五人制足球赛，能够增加趣味性，吸引更多学生参与。这些多样化的赛事活动，能够让五人制足球成为校园文化的重要组成部分。

4. 培养专业的教师队伍

我们可以为现有的体育教师提供专门的五人制足球培训，提升他们的专业知识和教学技能。同时，引进有五人制足球经验的专业教练或退役运动员，可以为教学带来新的视角和方法。建立教师交流平台，促进教师间的经验分享和学习，这种互动式的学习能够不断提升教师团队的整体水平。

5. 不断创新教学方法

可以设计各种有趣的小游戏来练习五人制足球的特定技能，通过游戏化的方式提高学生的学习兴趣。模拟真实比赛场景进行训练，能够帮助学生更好地理解和应用所学技能。在技术训练中融入简单的战术理念，可以培养学生的战术意识，为今后的发展打下基础。这些创新的教学方法能够使五人制足球课程更加生动有趣，提高教学效果。

6. 加强家校合作

我们可以通过各种方式向家长介绍五人制足球的益处，获得他们的理解和支持。组织五人制足球亲子活动，不仅可以增进家校联系，还能让家长亲身体验五人制足球的魅力。将五人制足球推广到社区，扩大其影响范围，使之成为连接学校和社区的纽带。这种全方位的推广策略，能够为五人制足球在校园中的长期发展创造良好的外部环境。

总之，五人制足球教学的推广和应用是一个系统性的工程，需要教育部门、学校、教师、家长等多方面的共同努力。我们需要不断创新教学方法，优化课程设置，完善评价体系，同时也要注意与传统十一人制足球教学的有机结合，实现两者的互补和协同发展。

第二节 足球训练实践应用创新研究

在当前中国足球发展的大背景下，高校足球队的训练与管理面临着诸多挑战。除少数具备招收高水平运动员资格的院校外，大多数高校足球队的生源主要来自体育特长生或热爱足球的普通大学生。这些队员在系统训练和技战术能力方面普遍存在不足。同时，高校足球队教练员多为兼职，既要承担教学任务，又要负责队伍训练，其专业性和投入度都有待提高。在这种情况下，如何在短期内显著提升运动员的技战术水平成为一个亟待解决的难题。

本节将探讨将"教练技术"引入足球训练实践的创新方法，旨在通过这种跨学科的应用，激发队员潜能，提升团队整体水平，为中国足球的发展提供新的思路和方法。

一、教练技术之"生命平衡轮"方法的应用

在当代足球教育与训练领域，如何有效地管理球队目标，激发运动员潜能，始终是教练员面临的重大挑战。通过对杭州某高校足球队的调查研究发现，球队组建之初，运动员往往缺乏明确的目标定位。调查数据显示，67％的学生加入足球队纯粹出于兴趣爱好，22％的学生希望通过参与球队活动提升自身足球技能，5％的学生则带着展示自我、获得认可的心态加入队伍，剩余6％的学生则由于各种其他原因成为球队一员。这种目标不明确的现状不仅存在于运动员中，同时也反映在教练员身上。另一项针对杭州地区足球教练员的调查显示，高达55％的教练员在带队目标方面模糊不清，仅仅将其视为完成学校交付的任务；36％的教练员虽然目标相对明确，但仍有提升空间；更值得注意的是，有6％的教练员完全没有设定任何目标；3％的教练员则选择了其他不明确的答案。这种目标缺失或模糊的现状，无疑对球队的整体发展和个人成长造成不利影响。

面对这一挑战，教练技术中的"生命平衡轮"方法为我们提供了一个创新性的解决思路。这一方法最初广泛应用于个人生涯规划领域，通过将生活划分为家庭、工作、休闲、财务状况、个人成长、健康、朋友和自我实现等八个维度，帮助个体全面审视自身状况，制定平衡发展的目标。将这一方法巧妙地运用到足球队的目标管理中，不仅可以帮助运动员明确个人在球队中的定位和发展方向，更能促进球队整体目标的制定和实现。

在实际应用中，教练员可以根据球队的具体情况，灵活设置"平衡轮"的维度。例如，可以将其划分为到场目标、训练目标、比赛目标、个人贡献、团队贡献、比赛贡献、个人状态和团队状态

等方面。通过让每位运动员填写自己的"平衡轮"，不仅能够帮助队员们厘清当前状况，更重要的是，这个过程本身就是一次深度的自我反思和目标设定。当运动员亲自参与目标制定过程时，他们的主观能动性和潜能就会被激发出来。例如，当一名运动员在"平衡轮"中设定了明确的到场目标后，他在请假时就会更加慎重；当他为自己制定了具体的训练目标，训练过程中就会表现得更加认真和主动，而不是敷衍了事或被动应付；当他明确了自己的比赛目标和对团队的贡献期望，在实际比赛中就会更加投入和尽责。此外，通过写下自己期待在球队中达到的状态，运动员在日常活动中就会不自觉地朝着这个理想状态努力。

"生命平衡轮"方法的独特之处在于，它不仅适用于个人目标的制定，同时也可以用于球队整体目标的管理。教练员可以利用这一工具，为球队制定训练、管理、比赛等各方面的目标。当每个运动员的"平衡轮"都开始运转，整个球队的"平衡轮"就会随之启动。这种自下而上与自上而下相结合的目标管理方式，能够有效地促进个人目标与团队目标的协调统一，从而推动球队达到一个良好的运转状态。

然而，要真正发挥"生命平衡轮"方法在足球队目标管理中的作用，仅仅让运动员填写一次是远远不够的。教练员需要定期组织队员回顾和更新自己的"平衡轮"，如可以每月进行一次小范围的调整，每学期进行一次全面的修订。通过这种持续的反思和调整过程，运动员能够及时发现自己的进步和不足，不断优化自己的目标和行动计划。同时，教练员也可以通过定期的一对一谈话，帮助运动员更好地理解和运用"平衡轮"工具，解决他们在目标实现过程中遇到的困难和挑战。

此外，为了让"生命平衡轮"方法在足球队中发挥最大效用，教练员还可以考虑将其与其他管理工具和激励机制相结合。例如，可以设立一个"平衡轮之星"奖项，表彰那些在各个维度都取得显著进步的运动员；或者组织运动员分享自己使用"平衡轮"的心得体会，让整个团队都能从中受益。教练员还可以根据运动员的"平衡轮"情况，更有针对性地安排训练内容和比赛战术，真正实现因材施教。

值得注意的是，在应用"生命平衡轮"方法时，教练员需要充分尊重每个运动员的个性和特点。有些运动员可能在某些维度上表现出色，而在其他方面相对薄弱，这是完全正常的。教练员的任务不是强求每个人在所有维度上都达到同样的水平，而是帮助每个运动员找到属于自己的平衡点，在发挥个人优势的同时，不断完善自己的短板。

总的来说，"生命平衡轮"方法为足球队的目标管理提供了一个全新的视角和工具。它不仅能帮助运动员明确自身定位，制定切实可行的目标，还能促进球队整体目标的实现。通过这种方法，我们可以将抽象的目标具象化，将长远的目标细化为日常可执行的行动计划。在这个过程中，运动员的主观能动性得到了充分发挥，潜能也被不断激发。同时，球队的凝聚力和战斗力也会随之提升。当然，我们也要认识到，"生命平衡轮"方法并非万能良药，它的效果很大程度上取决于教练员如何运用以及运动员们的参与程度。因此，在实际应用中，我们还需要不断总结经验，优化方法，使其更好地适应不同球队的具体情况。通过持续的努力和创新，我们相信"生命平衡轮"方法必将为中国足球队的建设和发展注入新的活力，为培养全面发展的足球人才做出重要贡献。

二、教练技术之"换框理论"方法的应用

在现代竞技体育领域，尤其是足球这样高度竞争和压力巨大的运动中，心态管理已经成为决定比赛胜负的关键因素之一。传统的训练方法往往过分关注运动员的身体素质和技术技能的提升，而忽视了心理因素在运动表现中的重要作用。然而，随着体育心理学的发展和教练技术的创新，越来越多的教练员意识到，只有同时关注运动员的身心发展，才能真正培养出全面发展的优秀运动员。在这

种背景下，源自心理学和教练技术的"换框理论"方法为足球队的心态管理提供了一个全新的视角和工具。

"换框理论"的核心理念是通过改变个体看待问题的视角或"框架"，来影响其对问题的认知、情感反应和行为选择。每个人都有自己的心理"框架"，这是由个人的经历、教育背景、文化环境等因素共同塑造的。在面对特定事件或情境时，人们往往会根据这些既有的心理框架做出条件反射式的反应。例如，当球队在比赛中失球时，许多运动员和教练的第一反应可能是寻找责任人，"是谁的防守出现了问题？""守门员为什么没有扑出这个球？"这种问题导向的思维方式虽然在某些情况下有助于分析问题，但在比赛的紧张氛围中，它往往会引发负面情绪，影响团队士气，甚至导致更多的失误。

"换框理论"方法旨在打破这种固有的思维模式，将问题框架转变为结果框架。它鼓励人们在面对困难或挑战时，不是去追究"出了什么问题"或"谁应该负责"，而是思考"我们想要达到什么样的结果""我们如何能够实现这个结果"，以及"我们有哪些可用的资源"。这种思维方式的转变，能够有效地将注意力从消极的指责和自我怀疑中转移出来，集中到积极的目标设定和问题解决上。

在足球比赛的实际应用中，"换框理论"可以帮助球队在逆境中保持积极的心态和战斗精神。例如，当球队在比赛中落后时，教练员可以引导队员思考："我们还需要进几个球才能赢得比赛？""我们有什么战术调整可以创造更多的进球机会？""每个人可以在哪些方面更好地发挥自己的优势，为团队做出贡献？"通过这种方式，教练员不仅能够帮助运动员保持冷静和专注，还能激发他们的创造力和团队协作精神。

同样，在日常训练中，"换框理论"也有广泛的应用空间。当球队整体表现出训练惰性，缺乏积极性时，传统的做法可能是教练员严厉批评或增加训练强度作为惩罚。然而，这种方法往往会引起球员的抵触情绪，反而降低训练效果。相反，如果教练员运用"换框理论"，他可以引导运动员思考："我们希望在下一场比赛中达到什么样的状态？""为了实现这个目标，我们在训练中需要重点提升哪些能力？""每个人可以为提高训练质量做出什么贡献？"通过这种方式，教练员可以帮助运动员重新认识训练的价值和意义，激发他们的内在动力。

值得注意的是，"换框理论"的应用并非简单地用积极思考代替消极思考。它要求教练员和运动员共同努力，建立一种新的思维习惯和团队文化。这需要持续的练习和反复强化。教练员可以通过以下方式来促进"换框理论"在球队中的应用：

（1）教练员应该以身作则，在日常交流和指导中展示"结果框架"的思维方式。当球队遇到困难或挫折时，教练员的反应和言行会直接影响运动员的心态。如果教练员能够始终保持冷静，关注解决方案而不是抱怨问题，运动员自然会受到影响和启发。

（2）教练员可以设计一些专门的心理训练活动，帮助运动员们练习"换框"思维。例如，可以组织角色扮演活动，让运动员模拟各种比赛中可能遇到的困难情况，然后引导他们用"结果框架"的方式来思考和应对。通过反复练习，运动员会逐渐养成这种积极的思维习惯。

（3）教练员可以在赛后总结和训练反馈中融入"换框理论"的元素。不仅要分析存在的问题，更要引导运动员思考未来的改进方向和具体行动计划。这种前瞻性的反思可以帮助运动员建立积极的心理预期，增强自信心和动力。

（4）教练员还可以鼓励运动员相互支持和提醒，形成一种积极的团队氛围。当有队友表现出消极情绪或思维时，其他队员可以主动帮助他"换框"，共同维护团队的积极心态。

然而，在应用"换框理论"时，教练员也需要注意把握尺度和时机。过度乐观或忽视实际问题同样可能带来负面影响。因此，教练员需要根据具体情况灵活运用，在积极思考和客观分析之间找到平衡。同时，教练员还应该考虑到每个运动员的个性特点和接受能力，采取个性化的沟通方式，确保"换框"的效果。

总的来说，"换框理论"为足球队的心态管理提供了一个强有力的工具。它不仅能够帮助球队在比赛中保持积极的心态，更能在日常训练中培养运动员的心理素质和问题解决能力。通过持续的应用和练习，"换框理论"可以逐渐成为球队文化的一部分，影响每个成员的思维方式和行为习惯。这种积极解决问题导向的团队文化，将为球队的长期发展和成功奠定坚实的心理基础。

然而，我们也需要认识到，"换框理论"并非万能良药。它的效果很大程度上取决于教练员的应用能力和运动员的接受程度。因此，在实际应用过程中，教练员需要不断学习和总结经验，结合球队的具体情况和需求，对方法进行调整和优化。同时，还应该将"换框理论"与其他心理训练方法和技术训练相结合，形成一个全面的运动员发展体系。

随着体育科学的不断发展和竞争的日益激烈，心态管理在足球运动中的重要性将会越来越突出。"换框理论"作为一种创新的心态管理工具，不仅可以帮助球队提高比赛表现，还能促进球员的个人成长和心理健康。通过持续的研究和实践，我们有理由相信，"换框理论"将在未来的足球教练工作中发挥更大的作用，为中国足球的发展做出积极贡献。

三、教练技术之"闪光时刻"方法的应用

在现代足球训练体系中，技术和战术的提升固然重要，但如何培养运动员的心理素质和积极心态同样关键。优秀的教练员不仅要精通比赛分析和对手研究，更要善于发掘自己队员的潜力，找出他们的优势并加以强化。在这一背景下，源自心理学和习惯养成理论的"闪光时刻"方法为足球训练提供了一个全新的视角和工具。

"闪光时刻"方法的核心理念源自查尔斯·都希格在《习惯的力量》一书中的观点："人生不过是无数习惯的总和。"对于足球运动员而言，这句话可以理解为：卓越的球技和比赛表现，本质上是

通过长期训练形成的一系列良好习惯的综合体现。优秀的运动员之所以能在激烈的比赛中做出正确的判断和精准的动作，正是因为他们通过不断的训练，将这些技能内化成了自己的"习惯性反应"。

"闪光时刻"方法在足球训练中的具体应用，主要体现在教练员通过回放比赛或训练视频，引导队员发现自己以及团队在过程中表现出色的片段。这些"闪光时刻"可能是一个巧妙的传球，一次关键的防守，或是一个精彩的进球。更重要的是，它们可能是运动员在困境中展现出的坚韧品格，或是团队在逆境中表现出的凝聚力。通过聚焦这些正面的表现，教练员能够帮助运动员建立自信，同时为未来的训练指明方向。

杜希格在书中提出："你想改变习惯，先要了解你属于你自己的'习惯回路'。"在足球训练中，回放视频并着重发现"闪光时刻"，就是在帮助运动员了解自己的"习惯回路"。杜希格进一步解释道："习惯回路由暗示、惯常行为和奖赏三个部分组成。"将这一理论应用到足球训练中，我们可以这样理解：比赛中的某个情境（如对手的进攻）是"暗示"，运动员的反应（如及时的防守动作）是"惯常行为"，而成功阻止对手进球带来的成就感则是"奖赏"。

当教练员带领运动员一起发现个人及团队的"闪光时刻"时，下一步就是在日常训练和比赛中有意识地复制和强化这些优秀表现。例如，如果在视频回放中发现某名运动员在特定情况下有一个非常好的传球选择，教练员可以设计专门的训练项目来强化这一技能。通过反复练习，这种优秀的判断和行为会逐渐成为运动员的"习惯性反应"。

更重要的是，教练员需要建立一个有效的奖励机制，来强化这些积极的行为。奖励可以是具体的，如在训练中表现出色的运动员获得额外的休息时间或者特殊的训练机会；也可以是精神层面的，如在团队会议上公开表扬或者将表现优秀的视频剪辑分享给全队。这种持续的正向强化，会让运动员更加主动地在训练和比赛中寻求"闪光时刻"，从而形成一个良性循环。

　　"闪光时刻"方法的独特之处在于,它不仅关注技术层面的进步,更重视心理层面的成长。通过聚焦正面表现,这种方法能够有效提升运动员的自信心和积极性。当运动员开始相信自己有能力做出优秀表现时,他们就更有可能在实际比赛中复制这些成功。这种自信和积极的心态,往往是区分顶级运动员和普通运动员的关键因素。

　　然而,在应用"闪光时刻"方法时,教练也需要注意把握平衡。过分强调成功时刻而忽视存在的问题,可能会导致运动员产生自满情绪。因此,明智的做法是将"闪光时刻"方法与传统的问题分析相结合,既肯定成功,也直面不足,从而实现全面而均衡的进步。

　　总的来说,"闪光时刻"方法为足球训练提供了一个积极正面的新视角。它不仅能够提高训练的针对性和有效性,还能培养运动员的自信心和团队精神。通过持续的应用和优化,这种方法有潜力成为现代足球训练体系中的重要组成部分,为球队的整体实力提升做出重要贡献。

参考文献

［1］李旭天．足球技术动作生物力学分析［M］．长春：吉林人民出版社，2019．

［2］程昕．校园足球运动研究［M］．成都：电子科技大学出版社，2015．

［3］麻雪田，王崇喜．现代足球运动高级教程［M］．北京：高等教育出版社，2002．

［4］闫强．高校足球教学与训练创新设计研究［M］．北京：北京工业大学出版社，2021．

［5］周俊．现代足球发展大环境中校园足球的教学与训练［M］．北京：人民体育出版社，2022．

［6］史贵名．足球教学与训练实践［M］．延吉：延边大学出版社，2019．

［7］崔泽峰．足球运动［M］．天津：天津大学出版社，2022．

［8］冯涛．足球教学设计与训练实践研究［M］．长春：吉林大学出版社，2018．

［9］王豫东．高校足球教学训练与战术研究［M］．长春：吉林人民出版社，2018．

［10］周志雄，兰天闻，徐正峰．青少年足球运动员体能训练［M］．北京：中央民族大学出版社，2022．

［11］李勇．高校足球运动训练研究［M］．长春：吉林出版集团股份有限公司，2020．

［12］蔡向阳，王崇喜．球类运动足球［M］．北京：高等教育出版社，2021．

［13］胡宁．高校足球教学的创新理论与实践研究［M］．徐州：中国矿业大学出版社，2018．

[14] 门延华. 高校足球运动教学与训练 [M]. 北京：光明日报出版社，2016.

[15] 赵伟作. 绿茵育英才高校足球运动发展创新探索 [M]. 北京：中国纺织出版社，2022.

[16] 王亚涛. 高校体育足球教学策略研究 [M]. 西安：西北工业大学出版社，2019.

[17] 陈兵. 高校足球教学实践与创新发展研究 [M]. 北京：北京希望电子出版社，2015.

[18] 陈亨明. 身心潜能理论与激发训练创新研究 [M]. 长春：吉林大学出版社，2020.

[19] 余富荣，吴翠芬. 高校足球技战术教学与训练理念分析 [M]. 长春：吉林大学出版社，2020.

[20] 陈宁，陈勇，李文兰. 体育教学与模式创新 [M]. 长春：吉林人民出版社，2018.

[21] 王玥，纪磊. 运动艺术视角下校园足球可持续发展研究 [M]. 长春：吉林出版集团股份有限公司，2020.

[22] 王润平，杨文娟，孙伯乐. 球类教学训练理论与方法 [M]. 北京：清华大学出版社，2017.

[23] 孟东明，莫祥德，符运猛. 高校足球教学实践研究与理论指导 [M]. 北京：中国书籍出版社，2014.

[24] 李利华，邢海军，谢佳. 体育教学思维创新与运动实践研究 [M]. 南昌：江西高校出版社，2019.

[25] 蔺红伟. 新课改背景下高校体育足球训练教学创新——评《体能训练理论与方法》[J]. 热带作物学报，2021，42（10）：3079.

[26] 宗德浩，王梦婷. 现代教育理念下足球教学与膳食结合训练方法的创新——评《运动营养指导》[J]. 中国酿造，2021，40（2）：232.

[27] 任重. 体育教学中足球训练的创新探索——评《体育教育的多维研究与训练》[J]. 林产工业，2021，58（1）：107.

［28］赵治治，申颜莉，高峰．高校足球训练教学创新研究——评《高校足球实用技战术教学与训练研究》［J］．林产工业，2021，58（6）：130.

［29］代斌．实现高校足球训练教学科学化的路径探析［J］．现代农村科技，2021，（9）：83.

［30］吴晓慧．关于高校足球训练教学创新的研究［J］．文体用品与科技，2021，（24）：182－183.

［31］任翔．高校足球教学与训练工作的优化创新探讨［J］．体育世界，2023，（1）：126－128.

［32］刘铭扬．体教融合视域下校园足球发展现状及趋势研究［D］．扬州：扬州大学，2021.

［33］李瑶．敏捷圈和低栏架组合训练对高校足球公体课学生灵敏素质的影响研究［D］．昆明：云南师范大学，2022.

［34］谢标祎．客观功效·现实问题·国内对策：人工智能在足球运动领域应用的研究［D］．南昌：江西师范大学，2022.

［35］高佳佳．粤港澳大湾区校园传统体育再生产及其促进青少年文化认同机制研究［D］．上海：上海体育学院，2023.

［36］夏家乐．TPSR教学模式对高校公共体育足球课学生学习效果的实验研究［D］．桂林：广西师范大学，2023.

［37］王尚彬．高校男子足球运动员单腿落地时优势腿与非优势腿生物力学特征研究［D］．呼和浩特：内蒙古师范大学，2023.